质量治理促进经济高质量发展的机理及实践研究

——以公共建筑能效提升项目为例

胡 楠 著

北京理工大学出版社
BEIJING INSTITUTE OF TECHNOLOGY PRESS

版权专有　侵权必究

图书在版编目（CIP）数据

质量治理促进经济高质量发展的机理及实践研究：以公共建筑能效提升项目为例 / 胡楠著. -- 北京：北京理工大学出版社，2024.5
ISBN 978-7-5763-4013-6

Ⅰ．①质… Ⅱ．①胡… Ⅲ．①公共建筑-节能-影响-经济发展-研究-中国 Ⅳ．①F124

中国国家版本馆 CIP 数据核字（2024）第 101941 号

责任编辑：王梦春	**文案编辑**：邓　洁	
责任校对：周瑞红	**责任印制**：施胜娟	

出版发行 / 北京理工大学出版社有限责任公司
社　　址 / 北京市丰台区四合庄路 6 号
邮　　编 / 100070
电　　话 / （010）68914026（教材售后服务热线）
　　　　　　（010）68944437（课件资源服务热线）
网　　址 / http://www.bitpress.com.cn

版 印 次 / 2024 年 5 月第 1 版第 1 次印刷
印　　刷 / 保定市中画美凯印刷有限公司
开　　本 / 710 mm × 1000 mm　1/16
印　　张 / 13.5
字　　数 / 158 千字
定　　价 / 78.00 元

图书出现印装质量问题，请拨打售后服务热线，负责调换

前　言

在当今世界的深刻变革中,全球经济面临诸多挑战与机遇,推动经济高质量发展成为各国共同追求的目标。本书从理论和实践的角度,深入探讨了质量治理在推动经济高质量发展中的关键作用与实践路径。

质量治理不仅是提升产品和服务质量的重要手段,更是推动经济高质量发展的关键所在。根据最新数据显示,2023年全球制造业采购经理人指数(PMI)持续保持在50以上,表明全球制造业持续扩张,这与各国强化质量治理密不可分。通过有效的质量治理,可以显著提升企业的生产效率和市场竞争力,从而推动经济的整体发展。

本书结合了丰富的前沿研究成果和实际案例,深入分析了质量治理在不同经济体中的应用与成效。特别阐述了中国在实施质量强国战略过程中取得的显著成果。近年来,中国工业产品的优良率持续提高,中国服务质量指数(CSI)逐年攀升,充分体现了质量治理的显著成效。

本书剖析了质量治理与经济高质量发展的内在联系,揭示了两者之间的互动机制,并提出了相应的政策建议。以合同能源管理模式下的建筑节能应用场景为例,详细介绍了绿色金融协同支持方式及其在实现公共建筑能效提升目标中的作用。在此背景下,绿色金融作为创新的融资工具，通过改善环境绩效、提高生产效率等方式，促进经济高质量发展。同时，本书还探讨了其他市场化措施，如绿色债券和碳交易等在质量治理和经济发展中的潜力。

希望本书能够为学术研究者、政策制定者和企业管理者带来有价值的参考和启示。

作　者
2024 年 6 月

目　录

一、引言　1

二、质量治理的内涵和特征　5
　（一）质量治理的内涵　6
　（二）质量治理的特征　7

三、质量治理促进高质量发展的整体思路分析　15
　（一）供给方面　16
　（二）需求方面　27

四、质量治理促进高质量发展的机制分析　31
　（一）质量治理与高效供给　32
　（二）质量治理与高质需求　38
　（三）质量治理与协调公平　39
　（四）质量治理与绿色发展　41
　（五）质量治理与经济安全和开放　43

五、我国企业质量治理的发展现状　　　　　　　　　　　　　47

（一）政策认知　　　　　　　　　　　　　　　　　　　　48
（二）市场化方式评价　　　　　　　　　　　　　　　　　48
（三）企业节能降碳内部特征　　　　　　　　　　　　　　50
（四）企业利用市场化方式存在的困难　　　　　　　　　　53

六、质量治理促进公共建筑能效提升的方案与措施　　　　　　　57

（一）能源诊断方案　　　　　　　　　　　　　　　　　　58
（二）节能改造实施方案及完成情况　　　　　　　　　　　68

七、质量治理视域下绿色金融协同助力公共建筑能效提升模式　103

（一）基础调研　　　　　　　　　　　　　　　　　　　104
（二）障碍分析　　　　　　　　　　　　　　　　　　　117
（三）绿色金融协同模式　　　　　　　　　　　　　　　118

八、质量治理促进公共建筑能效提升的成效　　　　　　　　　131

（一）专业的节能改造方案为落实绿色金融协同机制提供
　　　坚实的基础保障　　　　　　　　　　　　　　　　132
（二）未来收益权确权贷款为中小型节能服务公司融资难
　　　提供可行的解决路径　　　　　　　　　　　　　　132
（三）绿色金融协同机制为公共建筑能效提升项目提供有
　　　效的风险保障　　　　　　　　　　　　　　　　　133
（四）能源费用托管型合同能源管理模式是未来收益权质
　　　押融资的适用场景　　　　　　　　　　　　　　　133
（五）保险对贷后监管具有支撑作用　　　　　　　　　　134

（六）市场化节能机制为公共建筑能效提升项目提供良好的
　　　实现途径　　　　　　　　　　　　　　　　　　　　134

九、国外市场化方式推动节能降碳的经验及其启示　　　　137
　　（一）国外市场交易机制案例与经验启示　　　　　　　138
　　（二）国外市场服务机制案例与经验启示　　　　　　　140
　　（三）国外市场调节机制案例与经验启示　　　　　　　144

十、质量治理视域下绿色金融协同模式助力公共建筑能效提升仍
　　存在的问题　　　　　　　　　　　　　　　　　　　　153
　　（一）目前银保合作存在障碍　　　　　　　　　　　　154
　　（二）公共机构能效提升所需市场化节能机制有待深入完善
　　　　　　　　　　　　　　　　　　　　　　　　　　　154
　　（三）绿色金融支持公共建筑能效提升的方式有待协同　155
　　（四）绿电、绿证交易方面的问题　　　　　　　　　　156
　　（五）价格政策方面的问题　　　　　　　　　　　　　159
　　（六）金融支持方面的问题　　　　　　　　　　　　　161
　　（七）合同能源管理方面的问题　　　　　　　　　　　163
　　（八）用能权、碳排放权等其他方式存在的问题　　　　163
　　（九）各类市场机制协同问题　　　　　　　　　　　　164

十一、政策建议　　　　　　　　　　　　　　　　　　　　167
　　（一）形成公共建筑能效提升领域的绿色金融专项支持标准　168
　　（二）完善合同能源管理和制度保障　　　　　　　　　171
　　（三）建立统一的节能认证和信息披露机制　　　　　　172
　　（四）建立财税、担保、专营机构等金融支持保障体系、
　　　　拓宽融资渠道　　　　　　　　　　　　　　　　　175

（五）推动险资投资公共建筑能效提升　182

（六）强化未来收益权的确权管理　183

（七）积极推动银保合作，建立基于金融机构间直接对接的产品创新机制　183

（八）加强市场化机制间的衔接与协同　184

（九）出台节能降碳导向的价格政策　185

（十）优化完善其他市场机制　190

十二、对推动金融工具标准化运用的启示　193

（一）企业　194

（二）政府　194

（三）金融机构　195

参考文献　196

一、引　言

近年来，随着中国经济的快速发展，工业化和城镇化的深入推进，人民生活水平大幅提高，能源消耗增加，大气污染日益严重，各类建筑用能总量均有明显增长，而公共建筑则是各类建筑中的能耗大户，其平均单位面积能耗是其他建筑的 2~3 倍，在经济发达地区，这一比例则更高。2018 年，全国建筑总面积约 601 亿 m^2，其中公共建筑面积约 128 亿 m^2，占比约 21%，建筑能源消费总量约 8.57 亿 t 标准煤，其中，公共建筑能耗约 3.41 亿 t 标准煤，占比 30% 左右。在我国提出"双碳"国际承诺的大背景下，需深入挖掘公共建筑的节能潜力，发挥公共建筑对建筑领域实现"碳中和"目标的推动作用。

要实现节能降碳的目标，一方面离不开政府的主导和推动，另一方面，要通过市场化的方式，充分调动用能企业的积极性并发挥其创造性，让市场发挥更大作用。市场化的节能降碳手段具有自发配置和调节资源的作用，相对于强制性的行政手段具有更高的灵活性。我国在推动节能降碳工作市场化上进行了大量且有益的探索，形成了以碳排放权交易、用能权交易、绿电交易、绿证交易、合同能源管理、绿色金融等一系列节能降碳的市场机制。2013 年 11 月，党的十八届三中全会通过了《中共中央关于全面深化改革若干重大问题的决定》，提出实行资源有偿使用制度和生态补偿制度，发展环保市场，推行节能量、碳排放权、排污权、水权交易制度，建立吸引社会资本投入生态环境保护的市场化机制；2016 年，国家发展改革委印发《用能权有偿使用和交易制度试点方案》，在浙江、福建、河南、四川 4 省开展用能权的有偿使用和交易试点；2021 年 7 月，全国碳市场正式启动上线交易，年度覆盖二氧化碳排放量约 45 亿 t，成为全球覆盖碳排放量最大的市场；2021 年 9 月，《中共中央 国务院关于完整准确全面贯彻新发展理念做好碳达峰碳中和工作的意见》提出，要"发挥市场机制作用，形成有效

一、引 言

激励约束机制";《"十四五"节能减排综合工作方案》提出,要完善市场化机制,深化用能权有偿使用和交易试点,推动能源要素向优质项目、企业、产业及经济发展条件好的地区流动和集聚;党的二十大报告提出,完善支持绿色发展的财税、金融、投资、价格政策和标准体系,健全资源环境要素市场化配置体系。

"十四五"时期,我国生态文明建设进入了以降碳为重点战略方向,推动减污降碳协同增效,促进经济社会发展全面绿色转型,实现生态环境质量改善由量变到质变的关键时期,也是碳达峰的关键期、窗口期。目前,我国尚处在工业化、城镇化进程中,产业结构偏重、能源结构偏煤、达峰时间偏紧,如何有效利用市场机制促进节能降碳亟须完善,不同市场机制之间如何更好地衔接协调、单项机制如何更好地进行完善仍缺乏整体性、系统性的研究。

另外,在当今竞争激烈的全球经济环境中,对低成本、短周期生产的高质量产品的需求促使许多制造业企业考虑各种新产品的设计、制造和管理策略,这就迫切需要适当的政府战略、高质量的基础设施、改革和高质量的治理。目前,我国经济正逐步从数量型、速度型经济增长加速转向质量型、效率型的经济发展新常态,质量不仅与生产者的利益相关,也与消费者、顾客的利益密切相关,从而与社会利益相关。质量治理对体制和方案变革的更多对话和交流,对国家和民间社会的更多关注以及如何促进公共领域的发展,避免资源的浪费和滥用并优化利用国内公共资源,对经济政策和体制改革的更多整合,促进公平的立法环境、独立的司法机构和动态的信息流动,以及更多地关注影响治理的国家和国际因素,从而提高经济发展的产量和回报率。质量治理已成为高质量发展的必然趋势和有效方法,对企业实现其发展计划至关重要,有效的质量治理可以提高企业的竞争力,并助其在全球市场中发挥战略优势。如审计、绩效评估、生命周期评估和产品标准等领域及其他企业可持续发展举措都受到了质量治理的影响。

因此，本研究以合同能源管理模式下的建筑节能项目为载体，以"信贷+保险"的绿色金融协同支持方式为切入点，探索质量治理视角下更多元化的绿色金融手段，以支持实现公共建筑能效提升的目标为研究对象，具体分析质量治理对经济高质量发展在实践层面的运用及成效。建筑能效的提升对中国实现"3060"目标将具有重要推动作用。当前建筑能耗与碳排放已占全国碳排放的20%以上，建筑节能作为有效的减排手段，其未来能够实现的节能减排潜力巨大，但同时也会产生较大的资金需求，因此，质量治理视角下的绿色金融在其中将发挥重要的作用。绿色金融可以通过环境改善效应促进经济高质量发展，提高绿色全要素生产率。

二、质量治理的内涵和特征

（一）质量治理的内涵

质量治理是以政府为主导，引导并鼓励社会组织等主体积极参与，以提高产业竞争力、满足群众对美好生活的向往为目标，对经济社会发展中的质量问题进行有效管理的活动，以确保目标对象在内部和外部的每个阶段都能达到满意的状态（Roland，2009）。质量治理是一种新的方法论，是集成企业建模（integrated enterprise molding，IEM）与六西格玛管理的综合，为企业确定合适的质量、性能标准和合理的措施，旨在持续改进流程，以达到并超过目标对象的需求和期望，并帮助组织实现卓越发展。即以优化流程的性能为目标而采用六西格玛方法与IEM工程方法，实现质量管理方法的治理。质量治理最明显的特征是吸引社会组织或第三方机构加入治理队伍，形成以政府为主导，以社会组织或第三方机构为辅的现代化治理模式。

质量治理侧重和关注产品（服务）、产业和区域质量，从微观和宏观角度对客体的质量水平进行有效的提升，增加消费者和社会的质量获得感，进而促进高质量发展。高质量发展的不断推进，需要质量治理体系和其他治理体系的协同配合，从多角度共同破解和提升发展动力、发展方式和发展结构的难题。在构建质量治理体系过程中，应充分了解消费者和社会的质量诉求，充分分析企业和社会各方的博弈策略，构建"放、管、治"三位一体的质量治理新机制，这样形成的治理体系才更具有针对性和可操作性。

通过对相关文献的研究成果进行梳理和分析可以发现质量治理不同于质量监管，其与质量监管之间更多是一种包含与被包含的关系。同时，质量治理的参与主体包括政府与社会相关方，质量治理的实施内容主要涉及法律法规、标准制定、检验检测、消费者保护及综合质量监管等。

（二）质量治理的特征

质量治理使企业能够获得高度的差异化，满足客户的需求，加强品牌形象，通过防止错误和时间浪费，并通过改进公司的流程来降低成本。

1. 以政府为核心的系统治理

政府治理体系是国家治理体系的重要组成部分，是坚持和完善中国特色社会主义制度、推进国家治理体系与治理能力现代化的重要行政载体和实现形式。坚持以人民为中心构建和完善政府治理体系，必须适应社会主义市场经济改革深入发展的需要、适应社会结构多样化和社会发展全面性的需要，进一步厘清政府和市场的关系，不断完善宏观调控有力、市场监管有效的政府治理体系；进一步厘清中央和地方的关系，不断完善权责界限清晰、运行渠道顺畅的政府治理体系；进一步厘清政府和社会的关系，不断完善社会治理精到、公共服务精细的政府治理体系。质量治理的核心是政府，质量管理的主体是企业。政府在经济中的作用和能力是经济增长和发展的有效因素之一，具有有效管理资源和实施正确政策的能力。要加强监测、监控、审批、执法等要素整合，高效联动，同步提升监管和服务的能力。良好的质量治理有助于促进经济繁荣，提高社会凝聚力，减少贫困，加强环境保护和自然资源的可持续利用，提升社会对政府和公共行政的信心。持续深化"放、管、服"改革，健全"即报、即审、即调"的行政权力和服务事项动态调整机制；

稳步推动综合管理权、统筹协调权、应急处置权等行政权力的下放；进一步简化办事环节和手续，方便企业和群众办事和创业。严格规范行政执法，深入推进城市管理、市场监管等领域综合执法改革。聚焦食品药品、生态环境、劳动保障等关系群众切身利益的重点领域，加大行政执法力度。推动行政执法公示、执法全过程记录、重大执法决定法制审核"三项制度"全覆盖，规范执法自由裁量权。政府作为一个制度性的社会机构，能够通过建立有效、有力的制度，纠正行业错误或针对行业缺陷进行调整，以简单、高效、合理的方式为调节人民经济关系创造适宜的环境。政府能够完善宏观调控，保持宏观经济稳定；加强市场监管，维护市场秩序，保持公平竞争；优化公共服务，为人民群众提供优质公共产品，保障公共服务均等化；推动社会可持续发展，弥补市场竞争之外的社会群体福利，促进全体人民共同富裕。政府制定政策实施和计划，并提供服务，通过流程和制度的变化为人口和社会带来重大附加值。政府通过法律法规、行政力量参与质量治理，如《中华人民共和国产品质量法》《中华人民共和国标准化法》《中华人民共和国食品卫生法》《中华人民共和国计量法》等，建立质量治理的法律法规体系、行政管理体系，并将质量治理的职能按专业、行业划分到不同的政府职能部门，形成政府参与质量治理的治理体系。通过质量行政审批、市场商品监督抽查、企业产品监督抽查、行政处罚等带有强制性的监督方式对企业的产品质量进行监管。而且政府有足够的人力、财力和物力等资源来履行职责，优化资本市场和改善投资环境，形成良好的经济权力结构和政治权力结构，持续推动科技等领域的体制改革，提供良好的医疗、教育等公共服务，为地区产业转型升级及经济持续发展提供各种便利。质量治理突出系统治理，需要发挥政府的宏观组织、引导和协调作用。因此，政府需要保证质量治理与经济和社会发展之间的平衡，以提高公民的福祉，提高政府工作的有效性。绿色金融与绿色财政政策之间存在着一种最优的组合策略。依靠政府在经济发展初期对环境的治理，同时在发展后期积极推动绿色金融政策，可以实现更高的经济增长率并保持长期稳定。更好地治理会带来公民和政府之间的普遍满意度和日益增强的互信。政府在质量治理的过程中主要起到法律制定、制度安排和模式建构的宏观决策主导作用，掌管高风险质量安全领域，把低风险领域的执行和监督职能主要下放给社会中介组织，尤其是质量认证机构。质量认证机构是质量管理中特有的，具有独立法人资格的第三方机构，能对企业质量进行客观、公正地监管。截至2021年，中国累计认可认证机构数量为204家，较2015年增加了63家，2021年中国认可认证机构涉及的领域有764个，较2020年全年增加了18个，同比增长2.41%。质量认证机构成为国家质量基础设施的重要组成部分，财务质量强国和高质量发展。行业协会具有较高的参与和监督企业质量管理的权力，其主动参与企业质量管理的意识也较强。现有的行业协会包括质量协会、标准化协会等。行业协会不仅承接了政府职能转变过程中原属政府管理的一部分社会职能，还有权对成员企业进行规范和约束。因此，行业协会对成员企业的要求更能引起企业的关注与重视，从而使其成为社会团体中发展最快、地位仅次于质量认证机构的一个成员。

2. 以法治为基础的依法治理

法治作为治国理政的基本方式，发挥着规范、引领与保障的作用。法治是治理的载体、方式和必备要件，法治所蕴含的良法价值追求与国家治理相得益彰，并在政党、政府、社会和企业治理中发挥着不可替代的作用。作为治国理政的基本方式，法治不仅要有一套健全、优良的法律体系，更需要行之有效地付诸实践，切实依法治理好国家、约束住权力、维护好权利、承担好责任。只有通过宪法法律确认和巩固国家根本制度、基本制度、重要制度，并运用国家强制力保证其实施，才能不断提高运用国家制度管理社会各方面事务的能力。推进国家治理体系和治理能力现代化，必须坚持全面依法治国，提升法治促进国家治理体系和治理能力现代化的效能。法治能确保国家基本制度的明确性、稳定性和权威性，助力国家治理现代化发展，并在其中起到基础支撑作用。具备产权保护、合同执行和良好会计实践的法律和监管体系是绿色金融发展的关键。坚持立法先行，以立法指引改革，才能确保有法可依，以法救济，不但可以实现治理过程的公平有序，还能保障每位公民的合法权益。要想实现法治与国家治理现代化必须以法为基，要深刻把握以人民为中心的法治准则，精准排查并化解矛盾、维护稳定，为推动发展提供更好的法治保障。从实现路径来看，质量治理依靠法治设计，质量管理依靠技术手段。质量治理强调依法治理，要在法治框架下有效行使政府公权。质量治理是在国家宏观层面上开展的行动，良好的法治体系建设，深入推进全面依法治国，有效保障国家治理体系的系统性、规范性、协调性、稳定性，夯实了"中国之治"的制度根基、法治根基，也是质量治理得以有效推进的基础保障。质量治理能够强化法律服务供给，有力推动法律规范体系、法治实施体系、法制监督体系、法治保障体系和党内法规体系建设相互促进、共同发展，为制度发展注入新的活力，建立与社会经济发展水平、法律服务需求相适应的基本公共法律服务事项清单制度和动态调整机制。支持投资和创新的法律规则、公正治理体系的有效执行为经济增长提供了有利环境。质量治理也有助于推进法治人才培养的供给侧结构性改革，建立更加灵活与丰富的教育培训体系，不断提高法治工作队伍运用法治思维和法治方式深化改革、推动发展、化解矛盾、维护稳定的能力。积极开展岗前培训、在岗轮训、晋级培训，夯实法治工作队伍的专业能力、专业素养、专业精神。推动高等院校与法治实践部门共同组建师资队伍、共同开发法学教材、共同建设实践教学平台、共同开展法学教育评估，促进法学教育与法治实践更好地衔接。

3. 以促进发展为目标的源头治理

目前，我国处在向现代化转型的时期，必须实施一些具有突破性的战略，而推进产业结构、能源结构等调整就是源头治理中重要的一项。质量治理以促进发展为目标，质量管理以满足顾客需求为焦点。质量治理聚焦源头治理，从经济运行和产业升级的角度推进质量治理，其根本目的是促进发展。现有相关研究表明：一个国家的治理质量与经济发展水平之间存在很强的相关性。提高经济效益、使发展更有效率的手段主要包括两个方面的内容：一是有效地促进全面深化改革和经济社会发展，提高全要素生产率，即通过持续优化资源配置、提高技术创新贡献度、加强管理水平等方式，达到降低、节约成本的目的，努力构建以生态保护红线、环境质量底线、资源利用上线和生态环境准入清单为核心的生态环境分区管控体系；二是有效支撑国家治理体系和治理能力现代化，完善绿色发展环境政策，关注产业链的升级，引导我国产业向智能化、网络化、现代化的方向发展，完善区域绿色发展统筹协调机制，健全绿色金融体系，从而使相关产业在国际价值链的梯次中不断向中高端攀升，达到增加收益、获得更高收益的目的。另外，从发展经济学的视角来看，治理与发展之间存在着强烈的相关性，治理作为一个竞争力的重要性日益增加，可能会在质量治理中产生竞争优势，对地区经济的高质量发展产生深远影响。这在一定程度上既归因于增长和治理是创新的基础，又归因于通过反馈效应进行的多种互动。

例如，更高的收入可以通过更大的经济和社会支出公共资源池来促进更好的质量治理。同样，在质量治理的情况下，更有效地分配公共资源最终也会带来更高的收入和更好的经济发展。

4. 依靠制度设计

制度变革决定了社会随着时间的推移而演变的方式，因此也决定了经济表现的方向。健全的制度能够建立和维护强有力的产权、有效的法律体系和高效的金融监管，这对促进金融发展至关重要。如果制度不健全，违背金融合同的坏处可能会非常明显，从而阻碍合同的履行。与发展程度较低的金融体系相比，制度发展程度较高的金融体系从金融自由化中受益更多。此外，社会经济的发展和进行需要有良好的机构来确保金融市场有能力输送资源，为生产活动提供资金。因此，制度质量与金融发展之间的联系显然很重要。质量治理与金融发展之间的关系在一定程度上受制度的影响，在制度超过一定阈值水平后，质量治理能够促进金融发展。质量治理是在国家层面上开展的行动，因此良好的制度设计和体制机制建设，是质量治理得以有效落实的基本手段。利用资源创建新制度或改造现有制度及改变执行程序以改变制度应用。制度质量的改善会促使整体生产力的广泛改善和大多数人生活水平的提高。法律制度的全面发展对于调节金融开放对金融发展的影响至关重要。具体来说，质量治理中的"治"，突出强制性，主要针对产品的生产主体，因此需要加强质量法制体系建设，使得政府的质量监管有法可依。质量治理中的"理"，突出技术性，主要针对产品自身而言，因此需要加强标准体系建设，使得产品的生产有据可循。同时，质量治理还需要有健全的组织体系，使各相关方参与质量治理时有明确畅通的渠道。因此，质量治理中的制度设计包括法制体系建设、标准体系

二、质量治理的内涵和特征

建设和组织体系建设。大型和非个人金融市场不仅需要适当的法律框架,还需要充分执行合同各方的权利和约束。制度因素在长期经济增长中发挥主要作用,如我国的央地财政分权制度,不仅规范了中央和地方政府的财政行为,也因经济管理的权力下移,鼓励地方政府为获得更多的税收而发展市场经济、维护企业利益,推动了地方经济快速发展,而且经济增长还可能为国家增加收入提供新的机会,从而为改善制度质量提供资源。

三、质量治理促进高质量发展的整体思路分析

由于社会经济的高速发展及科学技术的进步，质量治理和高质量发展已经成为社会和经济发展的必然趋势和要求，随着供给侧结构性改革的持续推进和需求侧的变化，质量治理的实施和经济高质量发展具备了充分的推动条件和基础，使实现两者的耦合发展有了较为合适的时机。而绿色金融主要是引导资金流向节约资源技术的开发和生态环境保护产业，引导企业生产注重绿色环保，引导消费者形成绿色消费理念。现从供给和需求两个方面来具体分析质量治理是促进经济高质量发展的驱动力。

（一）供给方面

在技术供给方面，科学技术是第一生产力。自改革开放以来，我国高度重视科学技术的投入和研发，相继出台了一系列鼓励企业进行创新的政策和制度，把增强自主创新能力作为发展科学技术的战略基点，世界知识产权组织发布的《全球创新指数2022》显示：我国最新的排名从2012年的第34位跃升至2022年的第11位。2020年，我国研究与试验发展经费支出为24 426亿元，比上年增长10.3%，占国内生产总值的2.4%，其中基础研究经费1 504亿元。高技术新产品开发支出从2009年的1 100.94亿元增加到2019年的5 407.48亿元，年均增长35.6%。在计算机软硬件技术、集成、网络、新材料、新能源、数字网络技术、基因工程等高技术产业化方面取得了显著成效。科技的进步拓展了检测范围，提升了检测行业的整体效率，促进了检测方法和技术升级，促使检测参数范围得到拓宽、检测精准度得到提升，催生了电子电器检测、软件及信息化检测、医学检测、能源检测等新领域。另外，由自动化技术和网络技术推动的检测行业信息化水平的提升也能提高检测机构经

三、质量治理促进高质量发展的整体思路分析

营效率。例如，技术水平的提高能够改善计量器具监督检测的合格率、提升标准综合技术水平及检验检测能力，以及增强质量治理与经济高质量发展的耦合度等。通过提高产品质量来减少返工和节省成本，可以帮助企业优化成本结构，生产出能更好满足客户需求的产品，进而实现产品的差异化生产。

技术的进步特别是企业信息化的发展越来越被视为经济增长的引擎，而不仅仅是增长的结果。企业信息化直接或间接地促进了产量的增长，刺激了资本积累，提高了企业生产率，降低了交易成本，产生了网络外部性和经济外部性，有利于更好的市场运作。计算机化的信息系统将支持数据的收集，并对市场变化提供更快的反应，通过传播信息、刺激创新、建立网络和深化资本等对经济产生积极影响，帮助企业在新兴市场中取得竞争优势和实现利润的增加。企业信息化水平的提高，有助于提高企业获取信息的能力并降低搜索成本，能更好更快地进行通信和交流，进而促进企业的快速发展。

信息化水平的提高有助于信息技术的发展，信息技术的快速进步对市场经济的发展产生了直接影响，使企业产量更高、产品质量更好、产品价格更低。同时，企业能够通过提升创新能力和企业资本的深化来推动经济走出衰退，帮助企业建立起促进经济增长的网络，这种网络资本形式能够提高经济中不同部门的整体生产力。信息不对称的水平和主体之间信息分布的性质与资源分配具有显著的相关性。在信息不对称的经济体中，金融合同的性质和制度环境对投资和资本积累至关重要。而且，企业信息化具有网络效应，使用的用户越多或企业信息化水平越高，现有企业在不承担额外成本的情况下获得的好处就越多。由于企业信息化发展了网络并促进了创新性增长，因此可以为经济摆脱衰退提供解决方案。特别是互联网刺激了商业和贸易的发展，为新的商业模式、贸易往来和创业活动

创造了条件，有利于促进经济增长和帮助经济摆脱衰退的状态。另外，企业信息化有助于消除信息不对称，降低市场壁垒，提高市场透明度，促进市场竞争，引领经济更好更快地增长。

企业信息化允许企业采用灵活的生产方式和合作方式，从而提高企业的生产率。地理分布的增加是提高生产率的一个来源，因为它允许企业利用比较优势来选择生产的地点，这可以降低企业的生产成本。生产力的进一步提高还来自更好的企业管理。企业通过加强公司的内部沟通，以及消除与组织沟通的物理限制从而实现更快、更高效的决策，如语音和电话会议的应用减少了非生产性的出行时间，提高了沟通效率。企业信息化通过网络外部性对经济增长产生了影响，如电话服务和互联网。移动电话的发展给发展中国家带来的一个重要好处是交易成本的降低。与发达国家相比，发展中国家信息市场的效率较低。通过降低检索信息的成本，企业信息化改善了信息流，提高了企业的商品变现能力，并使消费者更愿意通过网络进行消费。此外，良好的电信网络取代了昂贵的有形运输，从而扩大了买家、卖家和中间商的市场网络。例如，各种互联网平台的兴起提高了农民的议价能力，也促进了生态住宅和女性拥有的微型企业等非农经济活动的发展。信息化可以分担家庭承担的风险，让家庭更好地应对网络内的信息流动带来的冲击。卫生、教育和农业等部门的发展项目正在利用信息化的大规模普及来促进相关领域的发展，包括扩大卫生服务的覆盖范围、监测疾病的暴发及方便地获取农业市场信息等。例如，渔民和销售商使用信息化带来的便利减少了由于信息不对称所产生的巨额差价，从而提高了渔民的利润和消费者福利。而且信息化覆盖范围的扩大提高了更多易腐商品生产商的市场参与度。企业信息化水平的不断提高，有效地缩短了不同地区市场之间的距离，促进了这些地区的贸易往来并吸引外商直接投资。

三、质量治理促进高质量发展的整体思路分析

基础设施,尤其是电信基础设施,有效地将本地市场的前沿延伸到了全球市场,增加了买家和卖家的数量,并增加了他们做出经济决策时可以依据的信息量。通过简化供应链流程,企业可以降低生产成本,并在进行决策或以有竞争力的价格创造优质产品时能够获得更多有用的信息。企业信息化是实现经济长期、快速、高效地增长和发展的重要决定因素,因为企业信息化允许无限的信息在不同地区间流动,从而使产品和服务信息能够进入全球市场进行交易,并使企业能利用不同地区的优势资源促进自身的发展。例如,通过更好地进入金融市场,企业信息化可以更大程度地调动人们的储蓄,并提供将其转化为投资机会的信息。企业信息化促进了劳动力更大范围的流动,加强了对正规劳动力市场的更多参与,从而也为个体获得固定收入提供了坚实的基础。信息化拓宽了企业或个体获取各类信息和知识的渠道,从而提高了他们的生产能力和发展能力,促进了他们对生活各个领域的参与。另外,信息化有助于消除阻碍经济稳定增长和发展模式多样化的障碍,从而促进社会整体经济的发展。因此,信息化在社会经济的发展进程中发挥着关键作用。随着互联互通与合作的深入发展,企业既需要外部知识,也需要内部知识来提高创新绩效,利用有目的的知识流入和流出来加速内部技术创新,并扩大技术创新的外部使用市场,从而获得竞争优势。信息技术投资的增加和交易成本的降低将改变企业的生产、采购和营销方式,促进产品或服务的创新,同时增加企业对高质量人力资本的需求,形成人才集聚效应,进而促进企业的组织创新和技术创新。如 Ferreira 等(2019)认为组织在提高其对当前数字转型的适应能力的同时,往往会提高其创新能力和识别可持续竞争优势的能力,从而在激烈的市场竞争中获胜。信息化能够为企业带来显著的好处,使企业的生产活动具有更高的灵活性、更强的信息获取能力及流程创新能力,更有效地分配资源以应对环境威胁并抓住市

场机会，如获得新颖的想法或让客户参与价值共创。

信息技术是许多技术创新和组织演变的关键驱动力，信息技术基础设施的完善将促进企业与其业务伙伴、消费者、外部基础设施（如银行支付系统）和公共基础设施（如互联网）之间的联系。信息技术使企业能够通过连接知识网络，改进搜索能力和数据挖掘技术，从现有知识资产中生成新的有价值的知识。企业信息化刺激了商业智能、数据分析、数据挖掘、仿真软件、决策支持系统、数字仪表板、在线分析处理和可视化技术等领域的创新和生产要素的优化组合，为企业进行技术创新提供良好的硬件和软件等基础设施作支撑，使企业进行技术创新的主体构成更加丰富多样。使用新技术、先进的软件或应用程序等支持组织开发新产品和服务的方式，能够提高企业进行技术创新的能力。具有高度内外部协作能力的企业能够实现技术创新能力的提高。如计算机、网络和通信应用程序等基础设施技术提供了社交网络，有利于企业与外部合作伙伴的信息交换，使企业在产品设计（如工程图纸、设计输入和输出和测试报告）上实现虚拟协作。同时，信息技术也有助于加强组织内部协作，促进组织成员之间的联系、互动、协调和沟通，在组织中一旦这种协作的氛围被创造出来，就能产生高效的协作过程，而这将导致更多的产品或服务创新理念的产生。例如，Mohamad 等（2017）的研究表明，信息化基础设施对内部业务流程性能具有显著的积极影响，信息化基础设施可以作为共享客户数据库的平台，并缩短新产品或新业务的上市时间。信息化使企业能够有效地对市场进行分析并激发内部技术创新的潜力，改善行业成员间的沟通方式和方法，有助于行业成员相互学习新技术，从而加快技术创新的速度。另外，信息技术的进步也越来越多地依赖开放式创新，通过将企业与技术市场联系起来，使企业可以在其中找到技术问题的解决方案，从而降低开放式创新战略的成本，有助于产生专利和产品创

三、质量治理促进高质量发展的整体思路分析

新。从战略调整的角度进行分析可以发现,信息技术的集成广度和深度会影响技术创新的效果。例如,复杂的检索技术可用于从各种知识资源中识别有用的知识,大量外部知识来源的广泛接触使企业能够从不同的学科和领域获得知识,并将不同的知识重新组合,进而能够产生更符合时代发展要求的创新成果。

技术进步可以使企业突破地域障碍从而更容易地建立起虚拟组织,提高企业获取内外部知识和技术的能力,把不同地域的人才整合成一个高效的团队进行技术协同创新和技术交流。信息化的灵活性使公司能够快速、经济地调整企业战略,以应对不断变化的市场并满足外部资源共享知识的需求。尤其是信息化促进了公司与外部合作伙伴交流的通信和协作工具的进步,提高了公司协调、管理和控制外部合作伙伴的能力并使其能够探索和利用这些合作伙伴相关的知识管理系统。特别是信息技术的集成促进了企业与协作伙伴之间及时和特殊的知识交换,在形成技术创新举措方面发挥着关键作用。企业信息化有效地整合了组织系统和生产过程中的程序,通过使用个人电脑、电子邮件和互联网等相关信息技术来促进内外部知识的获取,改善了传统产业的生产经营方式,大大降低了信息的不对称性并支持信息交换的可能性,从而增强了企业或个体与内外部各方之间知识的交换,扩展了技术创新的范围。

同时,信息化还为进一步提高技术创新能力提供了保证,通过提供链接来促进企业与外部合作伙伴的信息交流,并创建有效的合作伙伴关系,从而提高了开放式创新模式的绩效,扩大了企业进行生产经营的空间和地域范围。同时,信息化不但可以使企业获得文本信息,还可以使企业获取图形、视频、图像、音频等更加形象生动的信息,并能够以存储库的形式将这些有用的信息储存下来,如数据仓库等。多媒体系统正在逐渐成为传递科技信息的新载体,利用现代信息技术对企业的产品信息、市场信息、顾客信息等进行整

理和规范，使其日益网络化、数字化、虚拟化和电子化。企业受益于与知识来源的深度连接和整合，因为这使得知识的相互积累增加了。随着时间的推移，具有强大联系的协作公司可以获得彼此的资源、技术诀窍和设计能力的全面知识。这促进了知识获取，提高了交流的速度和可能性，加深了对知识解释的深度，从而影响企业的技术创新能力。

企业信息化改变了企业和消费者互动和交换价值的方式，可以帮助企业及时感知和响应客户、竞争对手和政府法规的变化。例如，广泛的业务流程数字化使航空公司在进行机票促销时，能积极地对特定航线的价格变化做出反应；客户登机流程数字化使航空公司能够更及时地响应客户服务需求。同样，其他企业（如戴尔和沃尔玛）可以根据其供应链中的组件库存水平动态地改变价格、促销和产品的组合。这种匹配需求与供应的能力在很大程度上是因为供应网络中连接企业及其合作伙伴的信息技术平台及允许信息共享和协调的数字化业务流程。此外，灵活的信息技术基础设施使企业能够轻松地与业务伙伴连接，快速地部署应用程序和工具，并允许企业有效地使用相关的信息资源。企业中数字化过程的数量越多，用于数字化过程的应用程序种类就越多，数字化平台的能力就越强。例如，采用 ERP 系统、知识管理和商业智能系统等应用程序的企业拥有更多的数字化过程和知识资本。消费者通过电信中心和移动电话接入互联网，从而能够在更大的范围内搜寻更高质量的商品和服务。结合社交网络和手机的力量，个体也可以接触到实现更好生活所需的人员和资源。企业信息化水平的提高直接降低了沟通成本，并可以通过发展新的机会来改进生产流程，从而降低生产成本。此外，消费者还受到企业信息化产品的影响，这会导致消费者消费行为的改变和新的工作机会的增加（如居家办公）。通过生成、存储和传输数据，企业信息化减少了信息不对称造成的市场失

三、质量治理促进高质量发展的整体思路分析

灵，通过解决市场均衡问题为供需双方提供充分信息，减少交易成本。

信息化提升主要是增加产品的信息含量，提供新的附加值满足消费需求。而且，随着信息技术的发展，企业可以与相距较远的其他企业共同进行虚拟的新产品开发，从而更好地满足不同区域的客户需求。获取客户偏好信息有助于企业识别新产品和服务的市场机会，而且用户反馈还可以帮助企业开发新产品和服务。平台型企业的出现，使各行各业能够寻找更好的市场来销售商品，这可以节省时间成本，提高市场运行的效率。例如，亚马逊创建了适当的信息技术基础设施和商业智能系统，使公司能够更快地识别客户需求，制订产品、服务和忠诚度计划。企业信息化使企业能够进行持续地改进，快速有效地抓住商机，使企业快速修改和纠正偏差，对市场机遇做出明确的响应。随着个人从企业创造的就业和收入中受益，市场效率的提高也会产生加强个人收入的累积效应，这会导致对基础设施投资的增加，使信息技术变得更加可用和方便，从而允许更多的家庭、企业和个人使用信息通信技术获取所需的资源或购买所需的商品和服务。现有的质量治理实践，如收集有关客户的信息，应适用于确定产品的环境要求以及其他客户要求。

随着社会的进步和科技的发展，企业信息化基础设施得到了显著的改善。信息系统可以在塑造关于环境的信念、实现或转变组织中的可持续过程和实践以及改善环境和提高经济绩效方面发挥关键作用。企业信息化与创造更清洁、更生态的可持续生产过程有关，同时能够提高生产力，降低成本，并避免不良的环境实践。

企业信息化帮助企业以更少的资源和更高的效率实现相同的产出，从而通过最大化内部流程的效率，如工作调度、采购、订单履行、工程变更、设计优化和其他日常操作，减少总能源消耗，从根本上改变了宏观经济因素（如经济增长）。企业信息化正在向低能

耗的新能源方向发展，这将减少企业对化石燃料的依赖，从而减少碳排放。企业信息化可用于减少高能源需求和保护自然环境，如绿色技术是许多企业用于减少电子废物的主要关键要素，以智能电网设备、云计算、大数据应用等为代表的应用管理和监控系统是一种以运营为导向的绿色信息技术的应用，它可以对数据中心基础设施等运营系统进行基准测试并提高其效率，帮助企业同时追求可持续发展和盈利目标。绿色技术的持续使用也会影响其他部门的发展，以优化能源需求和减少碳排放，如 Khuntia 等（2018）认为，信息技术可以在支持环境可持续增长的运营管理中发挥重要作用。而绿色金融是经济社会高质量发展的重要推动力，也是金融业自身转型发展的动力源泉。各金融机构要发挥自身优势，推进绿色金融产品和服务创新，针对企业的多样化需求，提供合适的金融产品，提高绿色金融服务能力。另外，诸如网格和虚拟化计算可以通过促进用于操作目的的计算实现资源共享和减少物理服务器的数量来提高能源效率。同时，绿色数据仓库管理工具和性能监控系统可以帮助优化信息技术运营层面的效率。企业信息化基础设施的发展，如操作系统优化、虚拟化或共享服务器，将有助于降低不可再生和可再生能源成本，以降低碳排放和使用与推广清洁能源，通过可再生能源、智能城市化发展和可持续发展实现绿色发展。另外，企业信息化促进了电子服务、宽带网络基础设施、无线技术和移动服务的融合，这种融合导致了设备、产品、工具、服务和技术与增强的社交网络能力的结合。宽带一直是网络经济的门户，它改变了工作和生活中的日常流程，为新的商业模式和增长机会打开了大门。在互联网上使用宽带接入提供的服务几乎在全球范围内确保了高质量互联网的高固定传输率。这套电子服务中最常见的是基于网络的产品包括电子学习、电子银行、电子投票、电子政府、电子商务、电子商店、电子医疗和电子支付等。近年来，针对人们需求定制的移动宽

三、质量治理促进高质量发展的整体思路分析

带服务已经建立起来,它将用户生成的内容元素与基于网络的增强功能结合起来。移动技术通过绿色银行、绿色商业、绿色治理、绿色建筑等为高质量发展做出贡献。在经济高质量发展过程中可以通过在宽带/5G互联网服务中使用绿色信息技术和服务,如网络组件、冷却系统、不间断电源管理系统和以采暖、通风、空调系统为形式的智能能源系统,显著提高了节能效果,降低了污染排放,从而为环境和公民带来益处。同样,在电子商务等消费领域,巧妙地使用电子和移动服务可以减少日常生活和工作中的能源消耗。另外,也可以使用互联网和智能设备以数字形式获取文件、数据、照片、地图等,这在很大程度上替代了纸张的使用。企业信息化提高了生产过程中的能源效率,并促进了消费者在商品和服务消费方面环保观念的转变。利用企业信息化来缓解环境退化对包容性人类发展的潜在负面影响和以信息化为主导的能源管理,这对于向低物质密集度、低运输成本和节省时间的经济结构转型至关重要。连接到互联网的移动电话可以用来进行快速通信,这可以节省能源和与全球化相关活动的交通支出,这种成本的降低对减少二氧化碳排放具有积极作用,进而促进节能减排和生态保护水平的提升。质量治理在维持标准和有效利用资源方面能够降低成本,这减少了浪费,并有可能与其他资源产生协同效应。

在资本供给方面,质量治理的有效实施和高质量发展需要高质量的资本,作为现代经济的核心和资源配置的枢纽,资本在深化供给侧结构性改革中发挥着引领和推动作用。一直以来我国对相关资本进行适度监管,加强信贷资金流向的管理,及时化解和防范风险,为金融创新留出空间,提高金融机构的自主性,改善金融创新环境。加强对银行服务实体经济成效的考核评价,提高了资本供给效率,近几年也在推动以银行为主导的金融机构发展模式的转变,构建多层次的金融机构体系,以经营模式各异的金融机构匹配实体

经济的有效需求。通过各类金融机构、金融产品工具和业务把金融资源引到合适的领域、产业和企业,通过资产处置、并购重组及退市、破产重整等方式,促进资源的有效配置。资本市场通过股权债权投资融资、并购重组等市场化机制安排,充分发挥市场在资源配置中的决定性作用,把各类资金精准高效地转化为资本,推动创新资本形成,提高要素质量和配置效率,加快推进光伏、抽水蓄能项目建设,推动可再生能源装机容量持续增长,加大"减煤"工作力度,改善了获得医疗保健、教育和社会福利的机会。其中,计算机通信设备制造业、医疗制造业、软件和信息技术服务业是首次公开募股企业数量最多的三大行业,这为质量治理和高质量发展提供了有力的支撑。

在劳动力供给方面,2021年全年研究生教育招生117.7万人,在学研究生333.2万人,毕业生77.3万人。普通、职业本专科招生1 001.3万人,在校生3 496.1万人,毕业生826.5万人。科研院所从业人员中科技活动人员占比72.4%。科技活动人员中博士占比9.36%,硕士占比31.74%,本科毕业生占比45.3%,高级职称占比31.7%,中级职称占比35.1%。目前科研院所科技活动人员已经形成了以本科生和硕士毕业生为主的人才学历结构,且高素质人才队伍的培养也在逐步加强中,人力资本的改善将提高大多数治理机构的质量,为质量治理和高质量发展提供人才支撑。

在管理方面,管理水平的提升是一项长期而复杂的系统性工程,管理水平的高低会影响到质量治理的效果和高质量发展的速度,只有各个层面的人员都按质按量地完成自己的工作,才能形成良好的循环,提升质量治理的效果并提高经济高质量发展的速度。合理的管理流程可以缩短工作的时间,简化管理的环节,减少管理过程中的摩擦及提高工作的速度和效率。近年来,随着劳动力整体素质的提高,管理水平得到了显著提升,能够科学分配任务,建立畅通的沟通渠道，基层员工在工作中碰到的问题能够得到及时的解决，从而大大提高了工作的质量。质量治理的成效不仅受外部因素的影响，也受内部因素的影响。如拥有认证管理体系的企事业单位不仅应该加强与利益相关者的合作，还应该着眼于产品生命周期，并将重点扩展到整个产品链。管理系统的整合涉及创建学习文化、关注利益相关者，以及持续改进学科领域之间的协同作用。企事业单位在可持续管理体系方面的绩效取决于内部改进的意愿和能力，以及影响过程的外部力量。以环境和能源改善为重点的质量治理标准是专门为效率措施而构建的，如能源效率的提高。然而，如果质量治理没有真正与公司治理和核心业务流程相结合，也没有落实到组织的各个层面，那么质量治理对公司可持续性的影响可能是有限的。质量治理实践可以在质量、操作、创新和业务结果等方面提高绩效，最小化非价值活动，并减少新产品的开发时间和成本，能够有效地发现客户需求，积极地产生知识共享，并继续改进工作系统和过程，进而实现高质量发展。

（二）需求方面

为了在动态环境中生存，组织需要更加具有灵活性和机动性——在管理当今市场需求方面保持一致和高效，同时足够适应即将到来的环境变化。在竞争日益激烈的市场中，质量在确保持续竞争优势方面发挥着至关重要的作用。近年来，随着我国居民收入水平的提高和消费观念的转变，投资、出口和消费这三驾马车对经济增长的贡献率发生了巨大的变化。2021年全年人均国内生产总值80 976元，比2020年增长8.0%，全年全国居民人均可支配收入35 128元，比2020年增长9.1%，扣除价格因素，实际增长

8.1%。全年最终消费支出拉动国内生产总值增长 5.3 个百分点，资本形成总额拉动国内生产总值增长 1.1 个百分点，货物和服务净出口拉动国内生产总值增长 1.7 个百分点。居民消费俨然已经成为推动我国产业结构优化升级、实现经济高质量发展的重要因素。实施质量治理等方法能够有效地促进产业结构升级，提高居民的消费水平。有证据显示，质量治理能够提高居民的生活质量和有效减少福利不平等等现象，提高居民的幸福感。与此同时，居民收入水平的提高和收入的增加势必会带来消费水平的上升和消费结构的变化，具体消费结构变动情况见表 3-1。

表 3-1 2013—2021 年我国居民消费结构变动情况   %

年份	食品、饮料、香烟	衣物与鞋类	租金、水、燃料和电力	家具、家庭器具、家庭杂费	医疗保健	交通通信	娱乐、教育、文化服务	其他
2013	31.2	7.8	22.7	6.1	6.9	12.3	10.6	2.5
2014	31	7.6	22.1	6.1	7.2	12.9	10.6	2.5
2015	30.6	7.4	21.8	6.1	7.4	13.3	11	2.5
2016	30	7	22	6	8	14	11	2
2017	29.3	6.8	22.4	6.1	7.9	13.6	11.4	2.4
2018	28.4	6.5	23.4	6.2	8.5	13.6	11.2	2.4
2019	28.2	6.2	23.4	5.9	8.8	13.3	11.7	2.4
2020	30.2	5.8	24.6	5.9	9.6	13	9.6	2.2
2021	29.8	5.9	23.4	5.9	8.8	13.1	10.8	2.4

（数据来源：国家统计局和中国统计年鉴）

2021 年全国居民人均消费支出 24 100 元，比上年名义增长 13.6%，扣除价格因素影响后，实际增长 12.6%。消费结构持续升级、消费对象从实物向服务转变，以及消费体验从大众化向个性化探索的大趋势势不可挡。在消费内容方面，居民的食品烟酒和衣着类消费有所下降，交通通信、居住、医疗保健和教育文化娱乐等

三、质量治理促进高质量发展的整体思路分析

享受类消费有所升高。人们越来越注重身体健康和自我学习等生活质量方面的投入及更高精神层面的诉求，从追求批量生产的大众化产品到更关注个性化、差别化等高品质的商品。在消费形式方面，由于我国现代信息技术、移动互联、大数据等新兴技术的快速发展和成熟，以及第三方支付模式的快速推广，线上和线下相结合的消费模式逐渐兴起，信用卡消费和互联网信贷消费逐步普及，出现了先用后买、分期付款等刺激消费的形式。国家统计局数据显示，2011—2019年，我国的居民消费对国内生产总值的贡献率平均为53.4%，尽管2020年和2021年受到公共突发卫生事件影响，但是全年最终消费支出对国内生产总值增长的贡献率仍然高达54.3%和65.4%，消费仍然是推动经济稳步发展的驱动力。在消费结构变动的过程中，生存型消费逐渐减少，享受型消费和发展型消费发展迅速，这种消费趋势是科技进步和社会分工不断发展的客观要求和必然结果，是一切社会化生产条件下消费变化的普遍规律。消费结构的变化及消费产品品质的提升，提高了人们对高质量产品的需求，必然要求淘汰低层次或科技含量不高的产品，在供给端实施质量治理，实时更新检测工具及提高检验检疫的标准，减少不合格产品的产出，提高产品的质量和科技含量，满足人民日益增长的消费需求。通过对计量能力、标准化能力、质量监督执法能力等质量治理方面的提升，势必会促进高效供给、高效需求和绿色发展等各方面高质量发展。

另外，本研究还选取2006—2020年的数据对部分发达国家人均消费总额和人均GDP的关系及变动趋势进行了分析。由表3-2可知，各国人均消费支出总额与人均GDP之间存在着较为稳定的关系，但由于文化观念的不同，各国的该项占比仍然存在一定的差别。美国该项比值最高，在66%左右；英国次之，但同样达到60%以上；日本、法国和德国较为接近，大部分在50%~55%之

间。根据国家统计局数据可知，我国人均消费总额占人均GDP的比例仅为30%左右，远低于发达国家平均水平。由此可以看出，我国居民消费需求在促进质量治理，进而拉动经济高质量增长方面的作用还没有充分发挥出来，未来我国需要大力促进居民消费、提升居民生活质量和消费品质，为促进质量治理的实施和经济高质量发展注入新动力。

表3-2 我国与主要发达国家人均消费总额与人均GDP的关系　%

年份	美国	英国	德国	法国	日本	中国
2006	65.38	61.07	53.18	53.59	53.55	34.93
2007	65.71	60.87	51.53	53.45	53.41	32.78
2008	66.38	60.83	51.68	53.76	54.37	31.43
2009	66.46	61.12	53.81	54.46	56.24	31.74
2010	66.55	60.82	52.57	54.27	55.49	29.74
2011	66.94	61.01	51.87	53.95	55.69	28.95
2012	66.23	61.42	52.32	53.90	56.13	29.39
2013	65.86	61.93	52.01	53.77	56.68	31.55
2014	65.76	61.67	50.97	53.03	56.39	31.14
2015	65.48	61.60	50.57	52.75	54.72	31.84
2016	65.81	61.83	50.33	52.77	53.64	31.70
2017	65.80	61.64	49.60	52.65	53.62	30.71
2018	65.45	61.77	49.51	52.63	54.04	30.71
2019	65.29	61.19	49.43	52.20	53.49	30.41
2020	65.00	58.20	48.73	51.68	52.15	29.28

（数据来源：作者根据OECD数据库和世界银行数据库相关数据计算。）

四、质量治理促进高质量发展的机制分析

根据发展经济学的理论逻辑并结合我国经济发展的现状来看，我国经济发展存在供给与需求不匹配、不协调和不平衡等问题，特别是供给体系总体上呈现中低端产品过剩、高端产品供给不足的状况，同时不少消费品供给规模有余而品质不足。因此，未来实现我国经济高质量发展要重点加强供给侧结构性改革，着力提高供给体系质量和效率，使供给体系更适应需求结构的变化，使供给侧和需求侧得以合理匹配，增强经济持续增长动力，推动实现更高质量、更有效率、更加公平、更可持续的发展。此外，在进行供给侧改革的同时抓好需求侧管理，增强扩大内需、促进消费、拓展投资等。根据发展经济学的基本原理，随着居民收入水平的不断提高和人均可支配收入的增加，居民的消费结构和消费层次逐渐发生了变化，享受型消费和发展型消费发展迅速，更加关注个性化、差别化等高品质的商品。但是还存在城乡居民收入差距大，教育医疗等发展不平衡的问题，良好的消费习惯和消费文化还没有形成。而且，供给结构不能适应需求结构变化，产品和服务的品种、质量难以满足多层次、多样化市场需求。因此，质量治理的实施和推进就显得格外重要和紧迫，其对供给侧和需求侧的改革具有很好的促进作用，对经济高质量发展起着重要的推动作用。本研究运用发展经济学的理论视角探讨质量治理对促进经济高质量发展的内在机理。高质量发展是从外延型发展向内生型发展转型的表现，不仅表现为量的增长，也表现在质的提升。质量治理对高质量发展的影响机制可以从高效供给、高质需求、协调公平、绿色发展和经济安全与开放等五个方面来考虑。

（一）质量治理与高效供给

高效供给包括经济发展水平、创新驱动、结构优化和人才供给

四、质量治理促进高质量发展的机制分析

四个方面。

在经济发展水平方面,经济发展内嵌于发展经济学的每一个方面,是发展经济学的核心概念。经济发展指包括质量与数量在内的经济高质量发展,而不仅是数量的增长。提高一个国家的政治稳定性和政府效率会带来更大的经济增长。质量治理能够通过提高相关部门的监督抽查力度、执行力度及质量问题的发现率,提高产业的区域竞争力,增加对有问题企业或产品的通报次数和罚款额度,进而促进企业或行业高效率的发展,这有助于提高居民生活质量,也能够从质量上提高人均国内生产总值的增长速度和人均收益,提高投入和产出的效率,实现经济更好更快地发展。质量治理也能够通过提升计量水平综合保障能力、认证综合技术水平及质量监督执法的执行力度,减少质量安全事故率,改善投资环境,获得国际援助,并提高应对风险的能力,促进经济发展质量和效益的提高,使经济发展方式由粗放型经济发展模式由粗放型经济发展模式向更加注重效率、创新和可持续发展的模式转变,进而能够促进自身内在的发展质量。另外,质量治理能够促使相关部门制定较为完备的政策和措施,优化监管效能,推进社会共治,提高质量和安全政策及信用监管制度的覆盖率,使相关行业和产业有相对应的政策做支撑从而维护其合法权益并约束其不当行为,坚定其发展的理念和信心。提高组织的效率和有效性,避免工作的重复;通过消除重复的政策、程序和登记来减少各种形式主义;确保目标、过程和资源的一致性;降低内部和外部审计的费用;提供联合培训和改善各级组织之间的沟通。

在创新驱动方面,由于高质量发展是以科技创新为引领,满足质量第一、效益优先、提高效率及全要素生产率的发展。高质量发展是基于技术的发展而不断进步的,因此技术进步对推动高质量发展的重要性是显而易见的,但并不是所有的技术进步都是合意的,

尤其是在具有"路径依赖"特点的情况下，技术进步的方向具有一定的惯性。例如，在依靠低成本劳动力的产业发展模式下，技术进步趋向于密集使用劳动力要素。而创新发展是高质量发展的第一驱动力，能够有效地促进生产能力的提升，推动实现协调发展。质量治理对实现经济高质量发展提出了新的要求，特别是计量能力、标准化能力、质量监督的执法力度及检验检测能力等都要符合时代的发展要求，淘汰过时的标准和技术，鼓励研发和采用与国际对标的新技术和新标准，特别是服务国家突破性重大技术和降低质量安全事故率而亟待提高的检验检测技术和标准，这也会从另一方面使企业提高技术创新能力、研发投入及技术的转化率，进而生产和开发出更多符合时代发展要求的新产品、新工艺和新技术。因此，为实现"高速度"发展向"高质量"发展的转型，必须实施和提高质量治理的水平和能力，从而提高质量基础设施，如计量器具的更新换代及较高的计量器具监督监测合格率，引导社会经济在创新驱动下的技术进步从密集使用劳动力或密集使用资本的方向向密集利用知识的方向发展，而现代化质量治理体系的构建可以很好地承担促进经济高质量发展这一职能。质量治理能够提高科技创新的要求和等级，如提高计量器具的技术含量及认证综合技术水平，促使企业做出更多符合相关要求的产品。质量治理也能带动技术交易市场的发展，促进技术交易市场成交额的增加。技术市场为科技成果产业化、科技资源流动等提供了交易平台和机制保障，在很大程度上有利于科技与经济结构的联结与融通发展。与此同时，质量治理也是提升生产能力、提高市场效率、增强企业产品竞争和国际影响力、实现协调发展的第一支撑力。唯有坚持以质量治理为核心和基础的全面创新才能实现高质量发展，协同整合科技创新供给、科学资源配置、市场价值实现等将成为高质量发展的有力支撑。由科技创新带来的人工智能、5G网络技术、3D打印等高附加值产业的涌现也

四、质量治理促进高质量发展的机制分析

需要具有配套标准综合技术水平、检验检测能力和监督抽查力度等的现代质量基础设施。

在结构优化方面，作为优化经济结构的重要组成部分，产业结构的优化升级是实现我国高质量发展的关键举措。质量治理是产业结构升级的重要推动力，检验检测能力及认证综合技术水平的提高有助于淘汰高能耗、高污染和落后的产业，促进经济向以绿色为导向的产业结构转变。为了实现经济高质量发展，实施质量治理能够优化生产要素配置，增加第二产业和第三产业在国内生产总值中所占比重，提高高技术产业收入在主营业务收入中的比重。并且为了提高经济发展的效率，实施质量治理时会鼓励更多的民间资本投入固定资产投资的浪潮中，进而提高投资的效益。另外，质量治理在提升劳动生产率的同时，充分发挥其示范效应，引领并推动各地区产业结构从以劳动密集型与高能耗污染型产业为主向以技术密集型与绿色环保型产业为核心转型，进而实现产业转型升级。质量治理通过优化生产要素配置、提高要素利用率、强化规模经济，以及节约劳动、土地等资源，有效地提升了工业企业的技术与生产效率，减少能源消耗及生产过程中的污染废弃物排放，提升生态环境质量，促进经济与环境协调发展。与此同时，为了节约成本和充分利用有限的资源，质量治理能够推动企业形成规模效应和集聚效应，从而获得递增的规模报酬效应，提升经济发展的质量效益。同时，质量治理还能促进上下游产业的联合，优化各生产要素在生产中的组合方式，降低生产成本，扩大经济生产活动的可能性边界，给行业带来新的利润增长点，进而推动高质量发展。由实施质量治理的举措促进的经济高质量发展会增加5G网络、人工智能和数字经济等为代表的高技术含量和高附加值的"双高"产业比重，在优化产业结构的同时，推动产业向纵深发展，从而延长产业链。由质量治理带来的产业结构升级能够促进行业之间的协调、互动与融合，降

低社会协调成本。质量治理也可以通过提高国际标准参与度、标准综合技术水平、国际标准转化率和国际标准采标率激励企业增加研发投入。研发投入是科技创新活动的物质保障和基础，可以提升劳动生产率，实现产业结构由低效率、低水平向高效率、高水平顺次发展，最终实现产业结构的高级化。同时，质量治理也能够通过提升认证综合技术水平赋能传统制造业，实现新旧动能转换，推动先进制造业发展，优化产业结构。金融部门必须在高质量发展中发挥重要作用。绿色金融的成本分担和风险分担的特性可以激励企业自发地进行绿色投资，弥补公共部门的不足，促进经济更快地增长。绿色金融政策与绿色财政政策相结合，即在经济发展的初期通过财政投资引导环境，在后期逐步加强绿色金融的推广，可以提高经济增长速度，达到更高的稳态资本存量水平，最终实现经济高质量发展的目标。对绿色信贷的补贴可以促进企业的绿色投资，使经济达到更高的稳定状态。

在人才供给方面，人力资本是创新能力提升、产业转型升级及经济持续健康发展的主要动力源泉，这意味着对人的智力和身体方面的投资为实现最佳经济发展创造了最值得信赖的条件。而质量治理是提高人力资本供给和质量的关键。在提升经济增长质量的过程中，质量治理要求有较高的认证综合技术水平、国际标准参与度及检验检测能力，这也对人才提出了更高的要求，使培养出的人才更能符合市场经济的要求以及能够正确操作新的计量设备，使高素质人才更能符合社会发展的需求，与社会接轨，与国际接轨。在社会生产活动中，实施质量治理所要求的计量能力、标准化能力和政策完善性等方面能力的提高，需要有相对应的高素质和高技术人才做支撑。根据社会发展的需求，这会促使高校、研究所和相应的企业注重相关人才的培养和塑造，提高相应人才入学和继续教育的比重。根据"干中学"思想和人力资本的向下兼容性，高素质人力资

四、质量治理促进高质量发展的机制分析

本可以通过知识和技术溢出到低素质人力资本群体，质量治理通过人力资本结构高级化过程促进知识、技能和思想的传播吸收，进而间接地提高社会整体发展质量。在此过程中，人力资本结构与产业结构升级的动态匹配则是重中之重，如在质量监督执法过程中，需要有专业的职业技术人员进行抽查和监督。一方面，质量治理对人力资本结构的优化调整存在需求效应，需要对职业技术人员进行相关的培训和继续教育。质量治理不仅需要高层次、高水平的知识型和技能型人才作为支撑，更需要合理的人力资本结构提供动力支持，为了进一步匹配以现代科技为主体的产业结构来实现高水平的质量治理，人力资本结构必须高级化。另一方面，质量治理对人力资本结构高级化存在供给效应。质量治理过程中人力资本的空间聚集性和知识外溢性，在高素质劳动力向城市聚集的过程中，必然会通过知识、技能、学习交流等方式产生人力资本外部性，吸引不同层次人力资本的流入，从而促使地区人力资本结构进行优化升级。由于产业结构升级与经济增长间的因果作用，质量治理能够通过经济增长效应吸纳更多的人力资本投资以及对更多的从业人员进行继续教育和培训，提高研究与发展从业人员的比重。质量治理也能够促进人力资本结构的不断调整，统筹当前和长远，加强队伍建设和人才培养，配齐配强关键岗位，激发活力动力。由于质量治理的实施对从业人员的技能和素养提出了更高的要求，因此，相关从业人员的知识和从业技能也应该随着时代的发展而提高，这会促使初级人力资本比重逐步下降，高级人力资本比重日益上升，人力资本结构不断高级化，进而推动经济高质量发展。为加快实现高质量发展，政府应在构建高水平的质量基础以及推进质量治理现代化的同时保障人力资本存量持续上升，注重引导和调整各层次人力资本之间的协调与互补，加快提升人力资本结构高级化水平，充分发挥质量治理和人力资本相互促进的积极作用。

(二) 质量治理与高质需求

随着决策者和企业意识到高质量生产在建立和保持全球竞争地位方面的重要性,其对质量治理的研究也产生了相应的兴趣。本研究中高质需求包含消费水平、消费结构和消费高级化三方面的内容。质量治理能够促进经济发展水平以及人均国内生产总值的提高,这会直接促使城镇居民和农村居民人均可支配收入的提高。由于我国的经济政策由投资和出口拉动经济增长的方式转向扩大内需的方向上来,城镇和农村居民可支配收入水平的提高能够扩大整体消费水平的提升,可以使城镇和农村居民购买质量更好、品种更多的消费品。质量治理的目标之一还在于增加城乡居民的可支配收入,而不再是仅仅关注总体国民生产总值的数量,而是更加注重人均国内生产总值和可支配收入的质量。质量治理特别是质量监督执法执行力度以及标准综合技术水平的提高会促使企业生产和销售更多的高质量商品和服务,这会引起消费者消费需求的变化,进而产生新的消费点,从而促使居民对服务质量要求的提高,这反过来也会促使厂商在原有的产品生产结构上进行创新。随着时间的推移,厂商的产品创新会涉及整个行业的产品创新,从而重构产业的创新。质量治理能够通过提高检验检测能力和认证综合技术水平优化产品市场的供给结构,加速产品迭代升级,优化产品供给和扩大消费者有效需求,从而提高居民消费率,优化居民消费结构,增加交通通信支出和教育文化娱乐支出在总消费中的占比。与此同时,质量治理能通过提高标准化能力、认证认可能力和检验检测能力促进整个行业产品质量的提升,这也会促使消费者的消费产品高级化,逐步降低城乡居民食品支出在个人消费支出总额中的比重,即降低

四、质量治理促进高质量发展的机制分析

城乡居民的恩格尔系数。因此,实施质量治理会通过市场"看不见的手"的力量,促进产业结构的升级及产业创新的发展,进而引发消费者的高质需求,促使整个市场的协调发展。此外,质量治理也会改变居民消费模式和消费习惯,从而促进消费市场的重新划分与区域之间的合作,这也有助于促进区域协调发展。

(三)质量治理与协调公平

协调公平包括城乡协调和公平共享两个方面。本研究认为乡村振兴和新型城镇化的推进是互相促进、相辅相成的。城市是引领、辐射和带动乡村发展的发动机,乡村则是支撑城市发展的重要依托和土壤,乡村振兴离不开新型城镇化的引领和城市的带动。在社会发展过程中要注重系统性、整体性、协同性,坚持联动更多力量、资源要素向基层倾斜,形成力量共用、资源共享、责任共担的良好模式,多维度、多渠道、多手段破解发展难题,提升基层治理的效率。实施质量治理,高度重视和保障人民群众在基层治理实践中的主体地位、能动作用,坚持维护社会公平正义,积极回应人民群众新要求、新期待,突出抓好社会治理领域的民生工程,增进民生福祉,不断提升人民群众幸福指数。因此,为实现经济高质量发展,必须实施质量治理以打造城乡协调发展引领区,强化以工补农、以城带乡,将城市的资本、人才和技术优势与农村的资源和生态优势有机结合。在实现经济高质量发展的过程中,质量治理聚焦乡村产业、公共服务、以城带乡、农民福祉等关键问题,促进城乡深度融合发展。实施质量治理能够加快推进农业农村现代化进程,不断提高农村居民收入和拓宽农民财产性收入渠道,大幅度提高财产净收入所占比重及其对农民增收的贡献率。与此同时,质量治理能通过提高政策的覆盖性以及质量监督的执法力度来推动农业与农产品加工、文化旅游、电商物流、教育体验等二、三产业全面深度融合，筑牢符合高质量发展和共同富裕要求的现代乡村产业体系，实现农业产业链条的横向融合和一体化。逐步形成共建共享的乡村发展共同体，让农民更多地分享产业链增值的收益，进而缩小城乡居民收入差距。以构建高水平的质量基础为目标而实施质量治理也会加大对耕地"非粮化"的治理，将有限耕地优先用于粮食生产，同时加快转变粮食生产方式，不断延伸粮食产业链，提升价值链，打造供应链，实现"三链"协调联动，从而破解粮食生产与农民增收的难题，进而提高农民的收入水平。

另外，实现经济高质量发展，提高常住人口城镇化率，实施质量治理也是最有效的手段之一。因为在实施质量治理的过程中能够不断推进基本公共服务向常住人口全覆盖，加快建立农业转移人口市民化长效机制，扩大居住证享受的基本公共服务范围，尽快缩小户籍人口城镇化率与常住人口城镇化率的差距，使农业转移人口能够同等享受城镇公共服务。

实施质量治理实现城乡居民收入均衡化、基本公共服务均等化和生活质量等值化，不仅是实现经济高质量发展的要求，也是共同富裕的内在要求。质量治理能够推动基本公共服务从均等化走向匀质化，提高农村公共服务供给水平、质量和效率，实现城乡公共服务优质共享。质量治理也会推动建立城乡统一的基本养老保险制度、医疗保险制度及社会兜底保障体系，推动政府、企业及个人共同承担养老责任，从而提高居民的社会保障水平。

经济高质量发展不仅要促进城市地区的经济高质量发展，注重系统治理、综合治理、源头治理，信仰法治、坚守法治，发挥好行政主体和多方资源要素的潜在效能，在法治轨道上推进改革发展，最大限度凝聚社会共识，也要促进农村地区经济的高质量发展，明确责任，健全工作体系，形成多方联动的城乡治理"共治圈"，努力打造人人有责、人人尽责、人人享有的社会治理共同体。质量治理不仅能够加强农村公路、环卫、文化、体育、信息等基础设施建设，推动实现城乡交通、供水、电网、通信、燃气等基础设施同规同网，促进农村基础设施和公共服务提档升级，也能够加快在农村布局5G网络、人工智能、物联网等新型基础设施，积极引入信息化主流技术，推动服务农业农村的信息、融合和创新基础设施建设，推进社会共治，实现城乡协调公平发展。

（四）质量治理与绿色发展

绿色发展是人类进步的必然要求。金融在绿色发展中的作用越来越受到关注。绿色金融一般是指与环境保护和可持续发展相关的金融产品、市场和政策。绿色金融相对于长期增长具有优势，它可以弥补公共服务容易拥堵的不足，实现经济高质量发展。绿色发展包含节能减排和生态保护两个方面。绿色发展是以效率、和谐、持续为目标的经济增长和社会发展方式。高水平的生态环境保护必须要有高质量的经济发展作为物质保障和技术支撑，否则不会持久、难以推进；高质量的经济发展必须要有高水平的生态环境保护作为发展本底和倒逼推动，否则寅吃卯粮、得不偿失。绿色发展理念以人与自然和谐为价值取向，以绿色低碳循环为主要原则，以生态文明建设为基本抓手。发展经济学认为，社会是人类居住和生活的重要区域，也是人类活动的基本单元，因此，建立包容与可持续的社会对于人类发展和进步具有不可忽视的作用。质量治理能够促进绿色导向产业的发展，加快环境污染治理技术创新和科技成果转化，保障生态环境公共服务的长期有效供给。通过提高计量能力和检验检测能力倒逼企业淘汰高污染高能耗的设备和技术，对重点项目和重点工艺流程进行技术改造，提高资源利用率，严格控制污染物和温室气体排放，构建清洁低碳安全高效能源体系，推进能源低碳化转型。实施质量治理能够推动生产、流通、分配、消费和建设等环节的节能增效，加强保护生态环境。质量治理还能促使企业加大节能关键技术和共性技术、装备与部件的研发和攻关力度，加快环境友好型技术的产业化进程，为推动绿色发展提供相应的技术支撑，完善清洁能源推广和提效政策，推行国际先进的能效标准，加快工业、建筑、交通等各用能领域电气化、智能化发展，推行清洁能源替代，实施终端用能清洁化替代。质量治理中监督抽查力度和执行力度及政策完善性的增强能使企业依法关闭一批浪费资源、污染环境和不具备安全生产的落后产能，促进成熟的技术、装备和产品的推广应用，提升产业发展质量，做大做强环保装备制造业，做新做优环境服务业，做精做专资源综合利用业。优化产业发展布局，打造一批先进的生态环保产业集群、产业基地和产业园区，健全完善产业链条。夯实产业发展基础，完善工业固体废物资源化利用标准体系。

另外，质量治理能够促进大宗固体废物综合利用、"城市矿产"餐厨废弃物资源化利用、秸秆综合利用等循环经济重点工程实施和落实，鼓励将老旧车辆和非道路移动机械替换为清洁能源车辆，持续推进清洁柴油车（机）行动，构建高效集约的绿色流通体系。同时推进污泥无害化处置和医疗废物及危险废物处理设施建设，加强重金属污染综合治理，同时实施农药化肥减量增效行动，全面实施节水、减肥、控药一体推进、综合治理工程。大力推广应用有机肥，建设农业绿色发展先行区。实施质量治理能够加大对生态环境监管力度、提高环境标准，促进节能环保产业发展壮大，推动污染防治攻坚战考核和高质量考核融合互补，形成上下联动、左右协同的工作合力,为经济发展增添新动力。如实施质量治理的重要结果之一是根据土地利用的适当规划,并根据周围的总体环境需求和条件选择最适合开发项目的地点,这既保护了环境资源,又有助于其可持续性,防止其污染和退化。本研究以绿色金融协同为例分析其在公共建筑领域的效能和作用。

(五)质量治理与经济安全和开放

经济安全与开放包括安全稳定性、风险防范和对外开放性。在经济发展过程中,经济安全和开放是实现经济高质量发展的重要保障。因此,为实现经济高质量发展,要在深入把握发展和安全辩证关系的基础上做好统筹工作,全方位开展和实施质量治理工作,构建高水平的质量基础,提高服务效能,加强国内循环与国际循环的统筹,注重宏观措施与微观措施的协调,兼顾短期政策与长期政策的配套,突出重点,把握着力点,确保我国经济发展的安全性和对外开放的持续性。按照质量治理的内涵和特征,为实现经济安全,要从整体上构建经济体系的安全保障体制,加大监督执法的力度及提高国际标准的参与度,优化监管效能,建立和完善经济安全防控机制,提高应对风险、迎接挑战、化险为夷的能力。与此同时,通过实施质量治理的手段和方法,能够使国家和企业更好地防范全球经济系统中隐藏的"灰犀牛"和"黑天鹅"对经济稳定带来的冲击,并构筑与更高水平开放相匹配的监管和风险防控体系,健全产业损害预警体系,丰富贸易调整援助、贸易救济等政策工具。

质量治理要求相关研发机构和企业提高自身的核心竞争力,加大对核心基础技术和关键基础材料的研发和投资力度。通过实施质量治理,构建现代化的质量治理体系能够加快补齐产业链、供应链、创新链短板，形成自主可控、安全可靠的国内生产供应体系，破解经济发展的"卡脖子"问题。另外，质量治理通过提升自身的计量能力和标准化能力构筑与更高水平开放相匹配的监管和风险防控体系，健全金融监管和市场监管及开放安全保障体系，降低经济波动幅度，加强跨周期政策设计和逆周期调节，丰富风险应对政策工具，防止资本无序扩张，防范跨境资本异常流动风险，防范世界经济波动和国际经济政策外溢效应带来的风险冲击。金融是包括能源项目在内的基础设施项目发展的引擎。社会实践发展需要通过新的金融工具和新政策，如绿色债券、绿色银行、碳市场工具、财政政策、绿色央行、金融技术、社区绿色基金等，为绿色项目打开新的通道，并扩大对提供环境效益的融资。

随着社会经济的发展，我国持续全面提高对外开放水平，不断加大改革开放的力度和范围，深化商品和要素流动型开放。质量治理能提高服务效能和完善相应的政策制度，推进贸易和投资自由化、便利化，逐步构建与国际通行规则相衔接的制度体系和监管模式，稳步拓展规则、规制、管理、标准等制度型开放。实施质量治理能够提升对外开放平台功能，统筹推进各类开放平台建设，打造开放层次更高、营商环境更优、辐射作用更强的开放新高地。质量治理还可以优化区域开放布局，鼓励各地立足比较优势扩大开放，强化区域间开放联动，构建内外联动、东西双向互济的开放格局。通过质量治理能够逐步稳定对外贸易依存度，在满足国内市场的前提下形成中国工业制成品的比较优势，降低对国外市场的依赖程度，自己掌控企业的生存状况。质量治理的目标之一就是要以技术进步和技术创新发展自主知识产权，掌握核心技术，从贴牌生产到创立世界品牌，取得自主定价，实现商品以质量取胜的真正贸易大国地位。

质量治理能够打造良好的营商环境，简化外商投资企业的办事

四、质量治理促进高质量发展的机制分析

流程，拓宽利用外资的渠道，保持和扩大利用外资规模，加大对知识产权保护工作的重视程度，不断创新对企业的监管方式。通过质量治理能够不断吸引实力较强的外商来华设立研发中心、地区总部、采购中心、财务管理中心，以及更高附加价值的制造加工基地。而且，质量治理还能推进国际先进产业在国内的转移，充分发挥其技术溢出效应，通过学习和借鉴国际先进管理观念、制度和经验来增强创新意识和能力，不断促进体制和科技创新，提高企业在研发、生产、销售等方面的国际化经营水平，进而促进经济高质量发展。

实施质量治理能够优化市场结构和监管效能，提升规模效益，促进相关部门和企业引进、消化和吸收先进技术，提升和改造传统产业，巩固传统市场，开拓新兴市场，培育周边市场。质量治理实现的信息自由流动和各方参与使社会和机构对问题、挑战和优先事项有了全面认识，这为物质变革之前的道德变革铺平了道路，而物质变革是可持续发展的最重要因素。与此同时，质量治理也能推动政府用好国际金融组织和外国政府的贷款，使其将这些资金重点投向中西部地区和东北等老工业基地以及国家鼓励的基础设施建设项目、生态农业、水资源综合利用等环境保护项目。另外，质量治理能提高出口商品质量，提升企业参与国际市场竞争的内在活力，增强外贸发展的长远潜力和后劲，提高国际贸易规则制定的参与能力。实施质量治理能够全方位提升我国外贸的国际竞争力，使我国外贸企业在更高层次上参与国际分工和合作。

总之，通过本研究，希望能够达到以下三个方面的目标。一是加快推动传统高耗能行业绿色低碳转型。产业结构偏重、能源效率偏低是我国实现碳达峰、碳中和的难点所在。采取合适的市场化手段，如碳排放权交易、转型金融引导、价格政策倒逼及合同能源管理等方式，鼓励和推动传统高耗能行业通过节能技改、开发利用可

再生能源等方式加快向绿色低碳转型的步伐。二是为战略性新兴产业高质量发展创造新空间。在碳达峰、碳中和目标下，光伏组件、风电装备、储能电池、新能源汽车等绿色低碳产业逐步成为各国竞逐的新赛道。然而在相关产业链上，光伏玻璃、风电铸件、储能电池生产等属于高能耗高排放的环节。探索跨区域能耗指标交易、开展绿色交易并衔接可再生能源能耗抵扣政策、绿色金融支持等市场化方式，将为光伏、风电、储能等战略性新型产业发展创造新空间。三是增强绿色低碳发展的国际话语权。国际上对于产品的碳排放等对环境的影响越来越重视。探索碳排放市场、碳税等碳定价机制与国际规则衔接，积极参与碳排放相关国际规则研究和制定，加强绿色电力认证国际合作，建立国际绿色电力证书体系，有利于建立与我国"双循环"新发展格局相适应的政策体系和市场体系，维护国家和企业的相关利益。

五、我国企业质量治理的发展现状

通过对我国企业的调查发现,我国质量治理存在以下几个方面的情况。

(一) 政策认知

降低用能成本是企业节能降碳的最主要驱动力,企业产品出口对产业链的低碳要求逐渐成为新趋势。高达88.37%的企业采取节能降碳行为的主要动机为降低用能成本。高耗能企业用能成本占营业成本比例高,电力行业中75%的被调查企业用能成本占比在70%以上,造纸行业中30.77%的被调查企业用能成本占比在30%以上。随着国际对产业链的绿色低碳要求越来越高,16.28%的被调查企业节能降碳的动机为满足产品出口对绿色供应链的要求。在对市场化手段的了解程度方面,受调查企业整体对市场手段的了解程度一般,对价格政策最为了解,对绿色金融手段相对不熟悉。按照五分量表法,受调查企业对价格政策的了解程度最高,为3.88分,对绿色金融的了解程度最低,为2.79分。

(二) 市场化方式评价

推动企业绿色低碳转型的市场化手段很多,从类型上可分为交易机制、服务机制、调节机制三大类。市场交易机制主要包括碳排放权交易、用能权交易、绿电绿证交易等;市场服务机制有合同能源管理、绿色技术推广服务等;市场调节机制包括价格政策、财税政策等。绿电交易和绿色奖补受企业欢迎,用能权交易和绿色金融的整体评价相对较低。从应用情况看,被调查企业应用最多的市场化手段为绿色奖补 (48.84%),绿色电力交易也逐步成为新趋势 (39.53%),应用较少的手段为用能权交易、绿色金融和绿色证书

五、我国企业质量治理的发展现状

交易。从节能降碳效果看,受调查企业对阶梯电价、绿色奖补、绿电/绿证交易的实施效果评价较高,碳排放权交易、绿色金融的效果评价不及预期。绿电/绿证交易、绿色奖补、阶梯电价的节能降碳效果评分均超过 3.5 分（总分为 5 分）；碳排放权交易评分为 2.93 分；绿色金融评分为 2.94 分。从成本收益比看,企业对增加其投入的市场化方式的成本收益比评价一般,对补贴类方式评价较高。企业应用市场化手段节能降碳情况如图 5-1 所示,各节市场化手段节能降碳效果及成本收益比评价如图 5-2 所示。

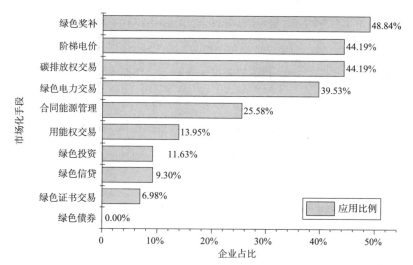

图 5-1 企业应用市场化手段节能降碳情况

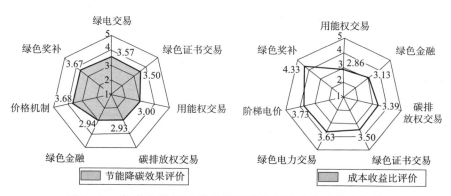

图 5-2 各类市场化手段节能降碳效果及成本收益比评价

(三) 企业节能降碳内部特征

企业节能降碳文化氛围逐渐浓厚，积极开展节能技改实现企业节能降碳，但资金仍以自有资金为主，绿色金融支持力度相对不足。从文化建设来看，重点用能企业普遍较为重视节能降碳工作，在企业管理和制度建设上进行了积极探索，如图5-3所示，90.07%的企业高度重视节能降碳工作，72.09%的企业设置了能源（碳排放）管理部门和专职管理岗位，60.47%的企业制订了有关节能降碳的战略/计划。从节能降碳行动路径来看，节能技改是企业普遍采用的手段，通过降低产品产量来实现节能降碳是企业相对规避的方式，如图5-4所示，83.27%的企业曾对设备开展节能技术改造，62.79%的企业通过优化产品结构来节能降碳，仅有13.95%的企业通过降低产量的方式节能降碳。从资金来源看，如

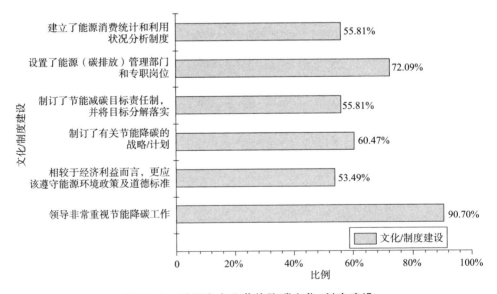

图5-3 受调查企业节能降碳文化/制度建设

图 5-5 所示,企业节能降碳的资金来源以自有资金为主(90.70%),仅 7% 左右的企业获得中央和地方财政资金其中 7% 左右企业获得中央预算内投资资金或中央和地方财政资金支持,受调查企业尚未获得绿色债券类绿色金融工具的支持。

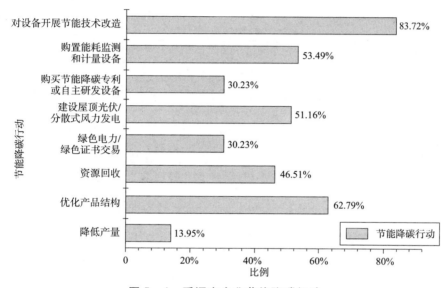

图 5-4 受调查企业节能降碳行动

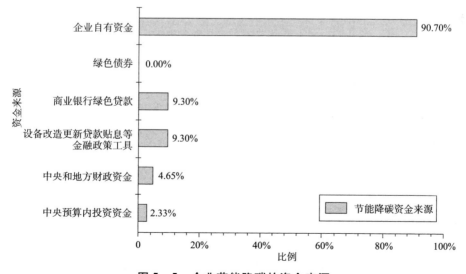

图 5-5 企业节能降碳的资金来源

节能降碳政策工具的类型,目前环境政策工具主要有三类:强制性命令控制类、经济激励类和自愿环境管制类。参照环境政策的分类依据,将节能降碳手段按市场化程度,大致分为命令控制型手段、市场激励型手段和鼓励公众参与手段三类。节能降碳主要的政策工具或手段见表5-1。

表5-1 节能降碳政策工具或手段分类

类型	鼓励公众参与手段	市场激励型手段			命令控制型手段
		市场服务类	市场交易类	市场调节类	
节能降碳工具手段	鼓励公众参与、信息公开、宣传教育等	合同能源管理等	绿电绿证交易、碳排放权交易、用能权交易等	财政补贴、税收政策、价格政策等	能耗"双控"、碳排放强度控制、强制性标准规范、法律法规等
市场化程度	强制性程度(小→大) 市场机制作用(大→小)				

1. 命令控制型手段

命令控制型手段主要特点是行政干预程度高,主要以国家的命令和制裁作为政府介入的主要方式,由一系列管理和法规构成。命令控制型手段主要优势是监督成本较低,但存在政策成本高、灵活性较差、创新激励不足等短板。

2. 市场激励型手段

市场激励型手段主要特点是允许生产者通过费用效益比较,选取最优的方案,使外部费用内部化。市场激励型手段根据市场发挥作用方式的不同可以分为市场服务类、市场交易类和市场调节类。

市场服务类手段以合同能源管理等为代表，节能服务公司为用能单位提供节能诊断、资金保障、技术改造等服务，双方将节能管理过程中的回收收益按比例分成，这种方式具有降低用能单位节能改造资金和降低技术风险的优势。

市场交易类手段以绿色电力/绿色证书交易、用能权交易、碳排放权交易为代表，其核心思想为科斯定理，即在政府设定总量减排目标并建立交易市场后，只要当产权明晰使得特定的环境资源成为稀缺资源时，外部化成本可以通过市场交易内部化。

市场调节类手段属于庇古手段，以税收、价格、财政补贴等为代表，其核心思想是政府给外部不经济性确定合理的负价格，或者给节能降碳技术或项目给予财政补贴。

3. 鼓励公众参与手段

鼓励公众参与手段主要是通过宣传、公告等形式引导公众或组织自觉进行节能降碳的所有环境政策手段，其中的环境信息公开手段是通过媒体信息公开，基于社区和公众舆论，使得主体改善用能行为的环境管理创新方法。

（四）企业利用市场化方式存在的困难

企业在推进节能降碳工作过程中存在专业技术和资金两方面的困难。结合调查问卷，各类市场化方式在推进企业节能降碳的过程中仍存在诸多问题，有待进一步优化完善。

对于碳排放权交易，企业认为其在成本传导机制和市场联动上存在不足，碳金融衍生品有待进一步创新。参与过碳排放权交易的企业中，47.37%的企业认为目前碳市场相对不发达，企业对碳交易整体呈观望态度；36.84%的企业认为碳排放表现与企业贷款额度、银行授信、贷款利率优惠未能进行关联，对企业降碳激励力度不足；26.32%的企业认为碳交易成本无法传导至产品价格。

对于用能权交易，企业认为目前机制尚不完善，导致市场活跃度不足，影响其节能降碳效果。参与用能权交易的企业中，66.67%的企业期望节能量能用于新上项目，节能技改产生的节能量无法在企业新上项目使用影响企业积极性；50%的企业认为用能权交易仅针对新上项目，由政府主导，市场化程度不高，激励力度不足；33.33%的企业认为政府尚未执行基于用能权的企业用能考核，约束力不足。

对于绿色信贷，仅有4家被调查企业申请过绿色信贷，其中2家企业表示绿色信贷项目的支持范围有待进一步扩展，企业有很好的节能降碳项目，但不在绿色信贷支持范围内；两家企业表示绿色信贷审核时间长、审批流程复杂，影响企业申请积极性。

对于绿色债券，被调查企业尚未应用绿色债券方式进行节能降碳。37.21%的企业反映绿色债券对企业信息披露和合规性要求高，且有27.91%的企业认为审批难度大，发行困难，融资效率低；此外，占比17.83%的企业表示企业融资成本未得到明显降低；一家企业反映绿色债券资金用途受限，无法置换前期投入的自有资金。

对于价格机制，在应用价格机制进行节能降碳的企业中，近半数的企业认为阶梯电价的实施给企业经营造成了较大压力；42.11%的企业认为隔墙售电政策难以落地，对分布式能源的促进作用有限；26.32%的企业认为天然气价格水平偏高且波动大，影响企业开展煤改气的意愿。

对于合同能源管理，在受调查已采用合同能源管理的企业中，有1/3的企业认为合同实施后，节能量或节能效果认定存在难度，缺少相关仲裁机制；同时也有1/3的企业担心生产信息泄漏；占比16.67%的企业对第三方服务机构的资质和信誉缺乏了解；此外，占比16.67%的企业反映与第三方机构之间的收益分成意见难以统一。

六、质量治理促进公共建筑能效提升的方案与措施

（一）能源诊断方案

1. 用能单位基本情况介绍

位于上海的一所三级甲等综合性医院，总建筑面积约 14.7 万 m^2，医院拥有东、南、西、北四幢医疗主楼及十多幢配套用房，院内林木葱郁，环境十分幽雅。这是一所以老年医学为特色，集医疗、教学、科研、预防为一体，立足上海、面向国内外的三级甲等综合性医院。部分楼层介绍见表 6 – 1 ~ 表 6 – 5。

表 6 – 1　2#楼和 3#楼

序号	项目	内容
1	建筑名称	东楼
2	建筑功能	病房、体检、行政办公
3	建筑层数	2#楼：地上 21 层，地下 1 层
		3#楼：地上 6 层
4	建筑总面积/m^2	2#楼：建筑面积 22 514.7
		3#楼：建筑面积 4 843.55，合计 27 358.25

表 6 – 2　5#楼

序号	项目	内容
1	建筑名称	北楼
2	建筑功能	整形科、病房
3	建筑层数	地上 9 层，地下 1 层
4	建筑总面积/m^2	—

表 6-3 6#楼

序号	项目	内容
1	建筑名称	急诊住院楼
2	建筑功能	1~8层诊室，9层以上病房
3	建筑层数	地上17层
4	建筑总面积/m^2	23 766

表 6-4 7#楼

序号	项目	内容
1	建筑名称	门诊住院楼
2	建筑功能	1~5层诊室，6层以上病房
3	建筑层数	地上18层，地下1层
4	建筑总面积/m^2	20 543.67

表 6-5 9#楼

序号	项目	内容
1	建筑名称	医技楼
2	建筑功能	各检验科室
3	建筑层数	地上8层，地下1层
4	建筑总面积/m^2	5 609.9

2. 用能系统介绍

该医院主要消耗能源为电能、天然气、自来水，用能点集中在2#楼、3#楼、5#楼、6#楼、7#楼、9#楼、10#楼、18#楼，包括了主要电力系统、空调系统、锅炉系统、热水系统、照明系统等方面。针对本次电力托管项目，从电力系统、空调系统、照明系统展开介绍。

（1）电力系统

医院供电电源来自医院附近的市区供电公司变电站,由市区电网线路引两路 35 kV 专线。一路专供医院 18#楼,35 kV/10 kV 电源进线分为两段,10 kV/0.4 kV 变压器为 3 台（T1～T3）。另外一路 35 kV/10 kV 为 2#楼、7#楼、9#楼、12#楼输送 10 kV 电源,18 台分变经 10 kV/400 V 二级变压,向各设备间、部门现场配电柜输送低压三相四线 380 V/220 V 电源。

（2）空调系统

该医院空调包括中央空调、VRV、风冷热泵、分体空调。具体配置如下。

① 中央空调

除了 18#楼外,医院设有 4 个制冷站房,分别为 2#机房、5#机房、7#机房、9#机房。其中由于 5#机房已经进行过改造升级暂不分析,其余机房设备参数及服务面积见表 6-6～表 6-9。

表 6-6　2#机房设备表

制冷主机配置					
设备	能耗/kW	流量/($m^3 \cdot h^{-1}$)		制冷量/kW	数量/台	工况
		冷冻水	冷却水			
约克冷水主机	268	261	306	1 519	3	出厂日期 2003 年 12 月,最多开 2 台
冷却塔	11	—	—	—	3	与主机对应
服务面积	2#制冷站房服务区域为 2#楼、3#楼、4#楼会议室,服务面积合计 28 218.05 m^2					
水泵设备配置					
设备	能耗/kW	流量/($m^3 \cdot h^{-1}$)	扬程/m	数量/台	工况
冷冻水泵	45	320	32	4	与主机对应,工频运行
冷却水泵	55	345	38	4	与主机对应,工频运行

六、质量治理促进公共建筑能效提升的方案与措施

表6-7 5#机房设备表

制冷主机配置						
设备	能耗/kW	流量/(m³·h⁻¹)		制冷量/kW	数量/台	工况
		冷冻水	冷却水			
约克冷水主机	130	120.9	145	703	2	刚改造设备,最多开2台
冷却塔	5.5	—	—	—	2	与主机对应
服务面积	地上9层					
水泵设备配置						
设备	能耗/kW	流量/(m³·h⁻¹)		扬程/m	数量/台	工况
冷冻水泵	18.5	—	—	—	3	与主机对应,变频运行
冷却水泵	22	—	—	—	3	与主机对应,变频运行

表6-8 7#机房设备表

制冷主机配置						
设备	能耗/kW	流量/(m³·h⁻¹)		制冷量/kW	数量/台	工况
		冷冻水	冷却水			
开利冷水主机1	374	362	431	2 110	2	出厂日期2008年11月,最多开1台
开利冷水主机2	364	377	431	2 194	1	出厂日期2008年11月,优先开启变频机组
冷却塔	5.5×4	—	515	—	3	与主机对应
服务面积	7#制冷站房服务区域为6#楼、7#楼,服务面积合计44 309.67 m²					
水泵设备配置						
设备	能耗/kW	流量/(m³·h⁻¹)		扬程/m	数量/台	工况
冷冻水泵1	45	385		31	3	与无变频主机对应,工频运行

续表

水泵设备配置					
设备	能耗/kW	流量/($m^3 \cdot h^{-1}$)	扬程/m	数量/台	工况
冷冻水泵2	55	—	—	2	与变频主机对应，变频运行（固定频率）
冷却水泵1	45	450	26	3	与无变频主机对应，工频运行
冷却水泵2	55	470	27.5	2	与变频主机对应，变频运行（固定频率）

表6-9 9#机房设备表

制冷主机配置						
设备	能耗/kW	流量/($m^3 \cdot h^{-1}$)		制冷量/kW	数量/台	工况
^	^	冷冻水	冷却水	^	^	^
约克冷水主机	150	178	220	1 038	3	出厂日期2016年，最多开2台
冷却塔	5.5×2	—	300	—	2	与主机对应
服务面积	9#制冷站房服务区域为9#楼、1#楼（改造中）、食堂，服务面积合计15 246.5 m^2					
水泵设备配置					
设备	能耗/kW	流量/($m^3 \cdot h^{-1}$)		扬程/m	数量/台	工况
冷冻水泵	37	197		45	3	与主机对应，工频运行
冷却水泵	37	247		35	3	与主机对应，工频运行

②风冷热泵

各楼机房设备见表6-10~表6-13。

六、质量治理促进公共建筑能效提升的方案与措施

表6-10 2#机房设备表

主机配置					
设备	能耗/kW	流量/(m³·h⁻¹) 冷冻水	制冷量/制热量/kW	数量/台	工况
麦克维尔模块机	40.9	22.4	130/136	4	出厂日期2010年
单冷螺杆机	—	—	223	2	—
热泵	—	—	45	2	—
服务面积	专为2#楼专用空间供应				

表6-11 6#机房设备表

主机配置					
设备	能耗/kW	流量/(m³·h⁻¹) 冷冻水	制冷量/制热量/kW	数量/套	工况
顿汉布什风冷热泵	—	116.6	678/722	1	出厂日期2011年
服务面积	专为6#楼专用空间供应				

表6-12 7#机房设备表

主机配置					
设备	能耗/kW	流量/(m³·h⁻¹) 冷冻水	制冷量/制热量/kW	数量/台	工况
麦克维尔模块机	40.9	22.4	130/136	2	—
螺杆式风冷热泵	—	—	422/443	2	出厂日期2009年
服务面积	专为7#楼专用空间供应				

表6-13 9#机房设备表

主机配置					
设备	能耗/kW	流量/($m^3 \cdot h^{-1}$) 冷冻水	制冷量/制热量/kW	数量/台	工况
麦克维尔模块机	40.9	22.4	130/136	3	—
螺杆式风冷热泵	—	—	198/208	2	出厂日期2012年
服务面积	专为9#楼专用空间供应				

③VRV/分体空调

由于门诊大厅的特殊性（主要用于白天），医院在6#楼部分区域设置VRV空调来满足使用要求，在部分科室、办公室、宿舍还安装有分体空调，分体空调数量大约为400台（有1.5HP、3HP、5HP等规格）。

（3）照明系统

医院照明运行时间较长，在医院总能耗占有一定比例，通过LED改造节能效果显著。目前医院已陆续更换为LED灯管，其余大多为荧光灯管（T5、T8）、节能灯。由于未对医院灯具进行统计，只能按照功率密度预估，按照医院建筑面积14万m^2，功率密度8 W/m^2，预估医院共22 000支灯管。根据现场勘查，预估有4 000余支灯管未进行改造，统计见表6-14。

表6-14 6#楼和7#楼照明系统配置

楼层	区域	传统光源类型	含驱动功率/W	数量/个
6#楼1层	急诊区域	0.6 m T5日光灯管	42	90
6#楼2~15层	病房及科室	插拔式节能筒灯	13	560

续表

楼层	区域	传统光源类型	含驱动功率/W	数量/个
6#楼2～15层	病房及科室	1.2 m T5 日光灯管	56	580
6#楼1～16层	电梯间	插拔式节能筒灯	13	160
6#楼1～16层	走道	1.2 m T5 日光灯管	28	216
6#楼16层	换热间	1.2 m T8 日光灯管	38.2	2
7#楼1层	公区暗槽	1.2 m T5 日光支架	28	60
7#楼5层	候诊区	1.2 m T8 日光灯管	38.2	3
7#楼2～5层	候诊区	0.6 m T5 日光灯管	42	150
7#楼2～5层	科室	0.6 m T5 日光灯管	42	175
7#楼2～5层	候诊区	插拔式节能筒灯	13	500
7#楼1～5层	电梯厅	插拔式节能筒灯	13	20
7#楼1～5层	卫生间	插拔式节能筒灯	13	70
7#楼6～18层	病房及科室	插拔式节能筒灯	13	546
7#楼6～18层	病房及科室	1.2 m T5 日光灯管	56	273
7#楼2～18层	公区	插拔式节能筒灯	13	850
7#楼B1层	空调机房	节能灯	85	14
7#楼B1层	水泵间	节能灯	85	12
7#楼B1层	配电间	1.2 m T8 日光灯管	38.2	6
9#楼B1层	走道	1.2 m T8 日光灯管	38.2	6
9#楼B1层	设备机房	节能灯	85	6
合计				4 299

3. 建筑物能源消费结构

该医院能源消费主要包括电力消耗和燃气消耗。其中，电力消耗包括采暖空调系统、办公设备、照明系统、大型医疗设备等用电消耗；燃气消耗包括采暖系统、生活热水系统及厨房等用气消耗。能源消耗结构框架如图6-1所示。

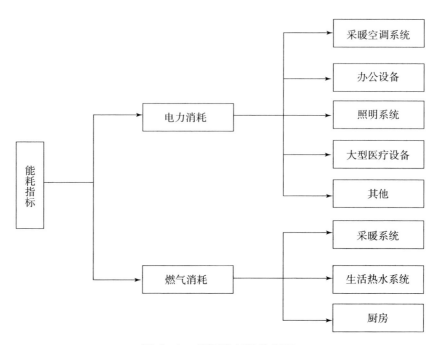

图6-1 能源消耗结构框架

对该医院2018—2019年度电力平均消耗的情况进行统计,结果见表6-15。

表6-15 2018—2019年电力平均消耗

能源名称	单位	实物量	折当量标/tce	占总能耗百分比/%
2018—2019平均电力	kW·h	23 160 620	6 948	—

注：①部分电力消耗所产生电费在本次托管范围之内；
②电力折算系数采用0.3 kgce/(kW·h)(《(上海)市级医疗机构建筑合理用能指南》)。

(1) 建筑物单位面积能耗指标

该医院总建筑面积约14.7万 m^2,按消耗总量得出单位面积能耗指标,见表6-16(未考虑自来水)。

六、质量治理促进公共建筑能效提升的方案与措施

表6-16 电力能源单位面积能耗指标

能源名称	用能面积/m²	实物量		面积均能源单耗		折当量标煤/tce	单位面积能耗指标/(kgce·m⁻²)
		单位	值	单位	值		
电力	147 000	kW·h	23 160 620	kW·h/m²	157.5	6 948	47.3

(2) 建筑物能耗分析与评价

不断减少建筑物能源消耗是建筑物能源工作的重点，全面了解和分析建筑物当前的能耗现状有助于建筑物能源管理工作者把握今后能源工作的方向，对建筑物的能耗状况进行分析评价，给能源管理者一个清晰的能耗状况。

电力是该医院能源消耗中的主要组成部分之一，调查期间建筑年均电消耗量为23 160 620 kW·h，折成当量标准煤后为6 948 tce，单位面积耗电量为157.5 kW·h/m²，总体用能量较高，可进一步挖掘潜力。

空调系统用电占医院总能耗的比例较高，本建筑对主要的空调、水泵等设备装有电表，能准确地把握能源消耗值。

本建筑物在本次节能改造前已对部分照明系统进行了节电工作，部分区域已经更换了高效LED灯光源。

本建筑物在办公设备方面的使用上也非常重视节电工作，使用各类计算机、打印机、复印机、扫描仪等自动化办公设备时，使用后及时关机，尽量减少待机能耗；办公设备长时间不用及下班后及时关闭电源，严禁使用非办公设备设施。

本次能源调查在电力消耗方面也发现了一些问题，主要是本建筑物缺乏对仪器设备等单机电力容量较大的用电设备的电力计量。根据国家标准《用能单位能源计量器具配备和管理通则》（GB

17167—2006）对改进用能单位能源管理在能源计量方面的要求，建议本建筑物按照标准完善主要用电设备电力计量器具的配备，以满足电力数据统计和电力定额管理的要求。

（3）诊断结果

能源利用综合评价：建筑总体用能水平相对较高，但仍有一定节能空间。

能源管理评价：能源管理机构和人员基本具备，能源管理制度基本完善，有部分分项计量装置，但未经常抄表，无法对能源消耗进行评估管理。

设备运行经济性评价：部分空调、水泵设备年限久，运行效率偏低；照明设备还有部分采用传统光源，能耗较高。

（二）节能改造实施方案及完成情况

1. 改造目标

采用能源费用托管型合同能源管理模式，主要对空调系统、照明系统等具备节能潜力的用能系统进行节能改造，通过积极应用智慧管控平台，降低医院能源系统运行成本，提高建筑能源资源使用效率，提升运营服务管理水平。项目完成后，建筑改造综合节能率（不含专用医疗设备）不应低于20%；年度二氧化碳减排不少于1 000 t。

2. 改造内容

本次能源费用托管型合同能源管理项目改造的重点是针对原有系统进行节能改造。在充分考虑各功能需求、稳定运行的前提下结合节能管理要求，根据现场勘查及用能分析，本项目主要从以下几个方面进行升级改造。

①在技术改造节能方面,实施自控系统升级等技术改造内容。

②在设备性能方面,升级改造用能设备(照明、空调主机)。

③在系统性能调适方面,挖掘及实现节能潜力及室内环境改善(末端水利调节及末端分盘的控制)。

④在优化设备运行管理方面,搭建能耗监管平台,提高运维水平(专业运维团队指导与现有团队的配合)。

3. 改造资金

本项目工程及设备投资成本为 650 万元,其中 30%(220 万元)为节能服务公司自有资金,70%(430 万元)通过绿色信贷方式融资。

4. 改造方式

本项目采用能源费用托管型合同能源管理机制进行节能改造。医院委托节能服务公司对医院的电力能源及其相应的电力能源供应系统进行托管,由节能服务公司投资进行节能改造并提供专业化运营服务。双方约定本项目能源基准的基期为 2 年,基准能耗费用为托管范围内的电力费用:每年 1 646 万元,电力托管费用为基准电力费用的 97%,即每年 1 596.62 万元。节能服务公司与用能单位签署了 10 年服务合同。

(1)能源费用托管型简介

能源费用托管型市场机制如图 6-2 所示,是由用能单位委托 ESCO 进行能源系统的运行、管理、维护和节能改造。在合同期内,用能单位以约定的承包费用，委托节能服务公司进行能源系统的运行管理或节能改造。合同实施后，用能单位实际用能费用如果超过承包费用，节能服务公司按照合同约定给予赔偿，若实际用能费用低于承包费用，则余额归节能服务公司所有。其特点可以简单归纳为三点：①合同效果持续保障；②双方风险较低，收益稳定；③节能服务公司的经济效益来自相对于能源费用承包额进一步的费用节约，客户的经济效益来自能源费用（承包额）的减少。

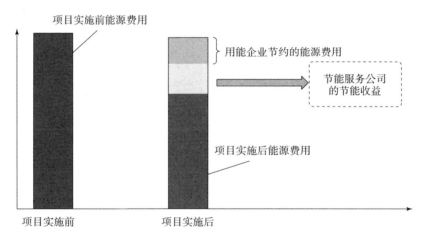

图 6-2　能源费用托管型市场机构

能源费用托管型市场机制具体实施方法：①按合同规定的标准，节能服务公司提供资金、技术和工程安装，为客户改造和管理能源系统，承包能源费用；②合同规定能源服务质量标准及其确认方法，不达标时，节能服务公司按合同承担对应责任；③节能服务公司的经济效益来自相对于能源费用承包额进一步的费用节约，客户的经济效益来自能源费用（承包额）的减少。

（2）能源费用托管型在公共建筑领域的应用环境优势

2021年2月24日，国务院发布的《关于加快建立健全绿色低碳循环发展经济体系的指导意见》指出，鼓励公共机构推行能源托管服务。针对我国公立机构财务管理制度给合同能源管理模式发展带来的壁垒。"允许公共机构在不增加能源费用的前提下，把合同能源管理服务所节约的能源费用，通过订立契约合同委托给节能服务公司管理"。

能源费用托管型因为能引入专业化节能服务公司对能源系统进行托管运营，并实行能源费用包干，因此某种程度上能够最大限度地帮助用能单位管理和使用好能源，不但能有效提升能源效率，降低用能单位能源使用成本，还能降低用能单位的人力成本和运行维护成本，在公共建筑节能领域具有良好的应用前景，是未来公共建筑节能运行的主要市场化机制之一。

（3）能源费用托管型在该项目中的应用优势

该医院作为公共机构采用能源费用托管型合同能源管理模式进行节能改造符合国家政策引导的方向，风险较低，易于融资，实现双方共赢，具体如下。

一是节约资金。节能系统建设投资较大，运行过程中各种费用名目较多，包括电费、水费、人工费、维护维修费、设施设备检测费等，还可能发生很多不可预见的费用，超支现象时有发生。采取该模式后，业主单位将此部分交由专业的节能服务公司，全部费用由专业公司承担。

二是省心省力。用能运行和管理都需要投入大量专业人员，消耗大量精力，最终节能效果不一定能够达到预期。如果以上全部工作由专业管理公司负责，质量及服务都能得到有效保障，业主单位仅负责监督检查即可。

三是节能增效。节能服务公司必须依靠一系列节能技术，提高能源系统利用效率，才能收回成本并达到盈利，同时做好日常维护，消除隐患、降低设备维修率，确保设备完好运行。因此，能源效率将得到大幅提升。

四是能源费用托管型模式更适合公共机构，且该模式更容易获得金融支持。相较于其他商业模式，公共机构更适合采用能源费用托管型模式，原因如下：①能源费用托管型模式采取费用包干制度，将年度托管费给节能服务公司包干使用，公共机构没有超额支出的风险；②公共机构更容易编制预算并开展采购，托管期限内年度支出稳定，固定的金额有利于确定政府采购方式；③托管型能够有效规避效益分享的争议，减少了节能量认定纠纷；④专业的人做专业的事，能够更好地提升公共机构的能源系统管理水平；⑤能够让金融机构看到确定的、稳定的收益，因为托管费是固定的，而分享型的收益往往与核算出的节能量挂钩，具有一定的不确定性，而金融机构往往偏好投资确定性高的项目。因此托管型更容易获得金融支持。

5. 改造前运行情况

（1）用能设备及系统运行情况

通过对医院各系统的运行状况进行现场勘查，系统目前主要状况如下。

①冷水机组：2#楼、7#楼冷水机组运行年限久、存在冷量衰减；冷水机组日常人为运行操作仅为冷机启停与台数控制及机组出水温度控制，根据运行记录全年基本运行1台主机，最热天再开启1台主机，主机设定温度9~12℃，供回水温差在2~3℃，个别存在1℃温差，存在小温差大流量运行，导致水泵一直处于满负荷工作状态。

②循环泵组：2#楼、7#楼水泵老旧，选型偏大，导致运行效率偏低；水泵无变频，日常人为运行操作仅为水泵启停与台数控制，基本与主机一对一运行，但由于末端存在水利不平衡现象，存在开

1台主机需开2台水泵,造成了能源浪费。另外9#楼水泵扬程偏大,实际运行效率偏低。

③冷却塔:风机无变频,根据冷却水进水温度,人为运行操作控制风机启停与台数控制,目前基本进水温度均低于33℃。

④新风机组、空气处理机组:空调服务区域基本每层设置1台新风机组,门诊楼公共区域采用空气处理机组,与节能相关的新风/空气处理机组日常运行操作主要涉及新/回风比例调节(新风阀开关)、送风机频率调节(启停)、进水阀开度调节及送风温度设定等四个方面。据现场了解,本项目不具备上述四个方面节能运行的硬件基础条件,缺少对空调机组进行自动监测、调节、报警等功能。

⑤风机盘管:风机盘管各办公室、病房手动启停及三速调节,无法根据设定温度启停风机。

⑥自控系统:5#机房进行了升级改造,安装有自控系统,其余机房还没有对冷热源机房、新风机组、空调处理机组进行监测与控制。

⑦能管系统:无分项计量系统,不能准确把握能源消耗流向。空调机房虽然装有独立电表,但不具备远传功能。

⑧照明系统:大多数照明灯具还采用荧光灯。

(2) 运维管理情况

医院空调系统由外包公司进行运营和维护管理,其主要工作包括主机维护保养、机房维护、末端巡视抄表、设备维修等工作。其他系统由医院专业人员进行维护。根据现场查勘,相关负责人经验丰富,能较好地完成建筑用能管理工作。但由于尚未安装分项计量能耗监测系统平台,各区域并未完全安装人工计量分表,因此无法清晰了解各建筑的主要支路能耗,较难掌握能耗使用的薄弱环节。

6. 改造前能源基数

(1) 改造前总能耗分析

本次合同能源管理主要对用电设备进行改造,故只统计建筑物总用电能耗,见表6-17。

表6-17 建筑物总用电能耗

月份	2018用电/(kW·h)	2019用电/(kW·h)
1月	1 435 280	1 484 280
2月	1 255 240	1 558 620
3月	1 159 480	1 326 920
4月	1 310 960	1 432 900
5月	1 998 080	1 624 700
6月	2 467 640	2 186 100
7月	3 075 380	2 480 380
8月	3 394 720	3 144 120
9月	2 902 060	2 582 720
10月	1 819 020	1 893 640
11月	1 459 360	1 420 440
12月	1 471 820	1 437 380
总计	23 749 040	22 572 200
2年平均值	23 160 620 kW·h	
折算标准煤	6 948 tce	

注：①夏季（6—10月）开启中央空调导致黄色阴影区域用能波动比较大；
②部分电力消耗所产生电费在本次托管范围之内；
③2019年度1#楼正值改造期间，整体能源费用有所降低。

(2) 改造前能耗细项分析

①空调系统。

针对夏季空调用能，制冷主要时间为5月15日—10月20日（手术室时间相应延长），主要包括中央空调、水泵、VRV、风冷热泵、分体空调设备，以 2018—2019 年 3 月、4 月的平均值作为不使用空调的数据作为基准，计算空调用能。夏季空调用能见表 6-18。

表 6-18　夏季空调用能

月份	2018 用电/(kW·h)	2019 用电/(kW·h)
5 月	762 860	389 480
6 月	1 232 420	950 880
7 月	1 961 540	1 245 965
8 月	2 159 500	1 906 521
9 月	1 666 840	1 344 267
10 月	583 800	654 557
合计	8 366 960	6 491 670
2018—2019 平均值	14 858 630 kW·h	

②照明系统。

该医院预估共 22 000 支荧光灯管（不含手术室）。根据现场勘查，根据使用需求，大部分已更改为 LED 光源，平均 18 W/支，目前还有约 5 643 支还是荧光灯管，考虑同时使用系数，使用平均时间 12 h，计算照明用电约为 2 198 000 kW·h。

（3）各设备用能汇总

各设备用能见表 6-19。

表 6-19　各设备用能

项目		消耗量/(kW·h)	占比/%
制冷机房用电	2#机房用电	1 230 655	5.28
	7#机房用电	1 915 906	8.22
	其余机房用电	2 081 391	8.93
制冷机房用电合计		5 227 952	22.43
风机末端用电（制冷、采暖）		902 014	3.87

续表

项目	消耗量/(kW·h)	占比/%
手术室热泵机组制冷用电（含18#楼）	829 760	3.56
手术室热泵机组采暖用电（含18#楼）	654 951	2.81
分体空调、VRV制冷用电（制冷、采暖）	1 200 355	5.15
采暖机房用电	498 788	2.14
卫生热水用电	125 862	0.54
普通照明用电	2 197 931	9.43
热开水器用电	1 132 762	4.86
动力、医疗、电器、其他设备用电	10 537 481	45.21
合计	23 307 856	100

从图6-3中可以看出，空调系统（含制冷、采暖、卫生热水）占全院用电的40.5%，普通照明用电占全院用电的9.43%。

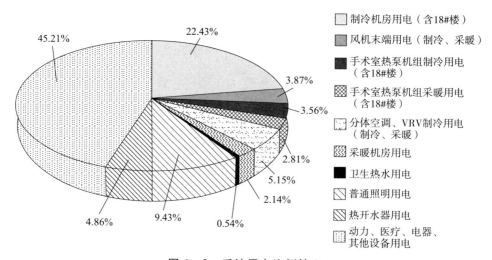

图6-3 系统用电比例情况

7. 改造措施综述

（1）设备优化

升级制冷系统，为医院提供更加高效的、智能化的制冷系统。智能匹配空调主机、空调末端、冷冻水泵、冷却水泵及冷却塔的负荷，使制冷系统高效智能地运行，实现整体系统运行能耗最优。

升级 LED 灯具，为医院提供高效、节能、智能的 LED 灯具，在满足功能需求的情况下，智能感应灯具实现人来灯开，人走灯灭的智能照明。

（2）系统优化

安装智能的能源监测、节能展示和能源管理平台，为医院实现持续的管理节能，同时提升医院 AI 智能化管理水平。系统包括能源负荷预测、实时状态显示、设备性能和能耗比较及历史趋势显示等。

（3）关键节能技术升级

采用的节能改造措施见表 6-20。

表 6-20 采用的节能改造措施

序号	改造项目名称	采用的节能改造措施概述
机房部分		
1	2#楼制冷机房	1. 主机置换改造，将 1 台约克螺杆机置换为磁悬浮机组，提高机组能效，达到节能目的； 2. 水泵升级改造，将现有的冷冻水泵、冷却水泵部分改造，提高运行效率； 3. 水泵加装变频，配套新换水泵做变频调速，在低负荷情况下调节转速，达到节能目的； 4. 加装能量平衡阀，在集水器上加装能量平衡阀，调节末端水利平衡，更好地发挥变频作用； 5. 增设远程电表，在新增加的配电柜内加装主机、水泵电表，为能管平台提供数据来源，更好把握能源消耗动向； 6. 为新设备增加自控系统，提高整体运行效率
2	7#楼制冷机房	1. 主机置换改造，将 1 台约克开利离心机置换为磁悬浮机组，提高机组能效，达到节能目的； 2. 水泵升级改造，将现有的冷却水泵部分改造，提高运行效率； 3. 水泵加装变频，对水泵做变频调速，在低负荷情况下调节转速，达到节能目的； 4. 加装能量平衡阀，在集水器上加装能量平衡阀，调节末端水利平衡，更好发挥变频作用； 5. 增设远程电表，在新增加的配电柜内加装主机、水泵电表，为能管平台提供数据来源，更好把握能源消耗动向； 6. 为新设备增加自控系统，提高整体运行效率

续表

序号	改造项目名称	采用的节能改造措施概述
末端部分		
1	2#楼	1. 增设空调末端（风机盘管面板）智能控制系统，实现风机智能化运行，达到节能集控的目的。 2. 部分回路加装远程电表，为能管平台提供数据来源，更好把握能源消耗动向
能管系统		
1	2#楼和7#楼	增加能管系统，采用物联网技术将现场运行数据上传到能效云，便于管理
照明系统		
1	全院区域	将传统光源替换为高效的LED光源，改善照度的同时又降低配电功率，达到节能目的

8. 改造依据

《通风与空调工程施工质量验收规范》GB 50243—2016
《建筑设计防火规范》GB 50016—2018
《民用建筑供暖通风与空气调节设计规范》GB 50736—2012
《公共建筑节能设计标准》GB 50189—2015
《上海市公共建筑节能设计标准》DGJ 08—107—2015
《公共建筑用能监测系统工程技术规范》DGJ 08—2068—2017
《民用建筑电气设计规范》JGJ 16—2008
《低压配电设计规范》GB 50054—2011
《智能建筑工程质量验收规范》GB 50339—2013
《电气装置安装工程低压电器施工及验收规范》GB 50254—2014
《电气装置安装工程电力变流设备施工及验收规范》GB 50255—2014

《电气装置安装工程起重机电气装置施工及验收规范》GB 50256—2014

《电气装置安装工程爆炸和火灾危险环境电气装置施工及验收规范》GB 50257—2014

《建筑电气照明装置施工与验收规范》GB 50617—2010

《空气调节系统经济运行》GB/T 17981—2007

《建筑照明设计标准》GB 50034—2013

《智能建筑设计标准》GB 50314—2015

《供配电系统设计规范》GB 50052—2009

《公共建筑节能改造技术规范》JGJ 176—2009

《公共建筑节能检测标准》JGJ/T 177—2009

《节能量测量和验证技术通则》GB/T 28750—2012

《公共建筑能源审计标准》DG/TJ 08—2114—2012

《上海市工程建设规范既有公共建筑节能改造技术标准》DG/TJ 08—2137—2014

《建筑改造项目节能量核定标准》DG/TJ 08—2244—2017

《用能单位节能量计算方法》GB/T 13234—2018

9. 具体改造措施介绍

（1）磁悬浮冷水机组改造

根据实际现场勘查，将7#、2#制冷站房内共4台空调主机（主机运行年限久，能效低）置换为磁悬浮设备，磁悬浮变频离心式冷水机组具有低噪声、部分负荷时卓越的能效比的特点，适合于医院、大酒店、高档办公楼、绿色节能环保建筑等的中央空调系统，从而提升主机能效，使系统更加稳定、安全、节能。磁悬浮冷水机组设备明细见表6-21。

表6-21 磁悬浮冷水机组设备明细

设备名称	品牌	功率/kW	制冷量/kW	IPLV[①]	数量/台	安装位置
磁悬浮冷水机组	克莱门特	1981	325.7	9.06	1	7#地下室机房
磁悬浮冷水机组	克莱门特	96.3	549	8.69	3	2#地下室机房

①IPLV：综合部分负荷性能指数，integrated part load value。

改造前现场如图6-4所示。

图6-4 改造前现场

改造后现场如图6-5、图6-6所示。

图6-5 2#地下机房冷水机组整体安装　　图6-6 7#地下机房冷水机组

7#制冷站房如图6-7所示。

六、质量治理促进公共建筑能效提升的方案与措施

图 6 – 7　7#制冷站房

2#管道、电动，2#地下机房冷水机组电控柜如图 6 – 8、图 6 – 9 所示。

图 6 – 8　2#管道、电动

图 6 – 9　2#地下机房冷水机组电控柜

（2）水泵升级改造

2#、7#楼水泵老旧，选型偏大，导致运行效率偏低。水泵无变频措施，日常人为运行操作仅为水泵启停与台数控制，基本与主机一对一运行，但由于末端存在水力不平衡现象，存在开 1 台主机需开 2 台水泵，造成了能源浪费。由于系统存在小温差大流量运行，实际水泵几乎满负荷在运转。由流体力学可知，P（功率）＝Q（流量）×H（压力），流量 Q 与转速 N 一次方成正比；压力 H 与转速 N

的平方成正比；功率 P 与转速 N 的立方成正比。本次改造对循环水泵进行了变频改造。水泵设备清单见表 6-22。

表 6-22 水泵设备清单

设备名称	型号	功率/kW	流量/($m^3 \cdot h^{-1}$)	扬程/m	数量/台	安装位置
南方水泵	NISO125-100-315/22	22	100	32	6	2#地下冷却冷冻泵房
南方水泵	NISO200-150-315/55	55	400	32	2	7#地下机房

改造前现场如图 6-10 所示。

图 6-10 改造前的循环泵组

改造后现场如图 6-11～图 6-15 所示。

图 6-11 2#地下室冷冻泵

图 6-12 2#地下室冷冻泵电控柜

六、质量治理促进公共建筑能效提升的方案与措施

改造后现场照片如图6-13~图6-16所示。

图6-13 2#地下室冷冻泵变频器

图6-14 2#地下室冷却泵

图6-15 2#地下室冷却泵电控柜

图6-16 2#地下室冷却泵变频器

（3）机房群控系统

经过现场考察，该医院冷热源系统设备采用人工就地控制，主机的出水温度设定及水泵频率设定仅凭人工经验决定，由于人工操作有一定的滞后性和随意性，容易造成能源浪费。更严重的是，设备故障不能被及时发现和实时触发联锁保护，设备的安全运行和末端舒适度得不到保障。

本次群控改造涉及医院的2#楼和7#楼末端冷源系统，改造后的现场如图6-17、图6-18所示。改造范围见表6-23。

图6-17　7#地下室冷却泵　　　图6-18　7#地下室冷冻冷却泵
电控柜、变频器

表6-23　主要设备清单

序号	设备名称	数量/台
1	磁悬浮离心机组	4
2	冷冻水循环泵	5
3	冷却水循环泵	5
4	冷却塔风机	15

具体改造措施如下。

与常规群控系统不同，智能控制系统采用新一代的系统架构和技术，将工业过程控制领域已经得到成熟应用的模型预测方法应用到冷热源的优化控制上，利用通用计算机强大的计算能力，采用成熟的机器学习算法和高性能动态规划引擎，全系统、全时段地优化系统运行。

充分利用现有设备，实现对全系统各设备（水冷机、循环水泵、冷却塔、电动阀门等）的远程控制。主要工作如下。

①全面摸查现有系统的运行情况，更换、维修和调试已经损坏、失效或漂移的设备、控制模块、传感器和执行机构。

②开通磁悬浮主机第三方通信接口，通过 Modbus 协议，读取主机运行参数，实现远程启停和调整出水温度设定。

六、质量治理促进公共建筑能效提升的方案与措施

③为循环水泵、冷却塔风机、电动阀门配备现场控制器,并在系统管路上安装相应的传感器和执行器。控制系统原理如图6-19所示。

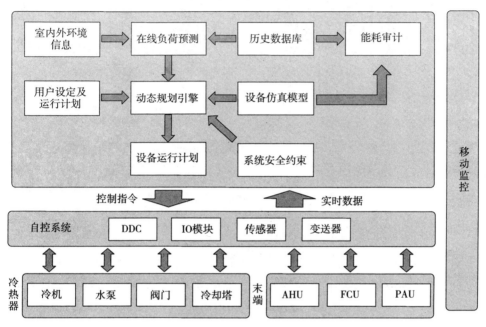

图6-19 控制系统原理

群控系统能够同时对冷源系统和输配系统进行监控,主机、水泵、阀门之间联动控制,根据压差控制系统旁通阀。根据实际冷量需求对主机进行加减机自动优化控制,机房参数的实时监控可以让主机运行在效率高的负荷段,最大化地避免主机的低效运行。同时通过备用机组的轮流运行,可以使设备的耗损平均。操控中心安装在冷冻机房办公室,以方便管理人员对区域冷量需求及设备进行监视和设定操作等;所有运行参数均应保存历史记录,能将各设备累计耗电量、累计运行时间、系统能效等参数显示在监控管理系统中。建筑用电精细化运行节能管理系统如图6-20所示。

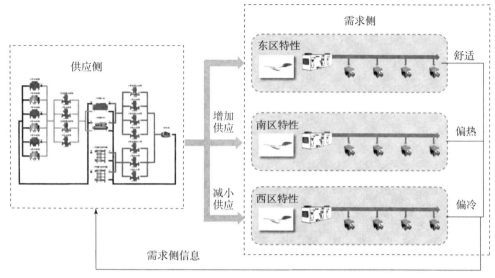

图 6-20 建筑用电精细化运行节能管理系统

④冷源系统设备联动控制。

主机的开启，应与对应的冷冻水管的电动蝶阀正确联动，并且保证水泵开启台数与机组开启台数相匹配。

开启顺序：开启主机蝶阀—开启水泵—开启主机。

关闭顺序：关闭主机—关闭水泵—关闭水阀。

开启过程中，若遇到机组或水泵故障，自动切换到下一组机组和水泵。

⑤空调主机自动加/卸载控制。

主机自动加/卸载控制设置使用权限，常规情况下人工手动设置加卸/载。

根据室外温湿度、冷负荷需求、机组运行负荷百分比三项指标综合判断，自动判断启停台数，优化定制多机策略，以保证空调系统能耗降至更低。机组卸载时，自动寻找最先开启的机组，优先卸载；机组加载时，若未开启机器超过1台，自动寻找停止运行时间较长的机器，优先开启。

⑥智能控制系统将提供的功能见表6-24。

表6-24 智能控制系统将提供的功能

编号	功能	说明
1	负荷计算及趋势预报	根据日期、季节、天气、末端温度分布等因素动态计算并显示当前各区域的负荷和负荷变化趋势，以及总的负荷和负荷变化趋势
2	冷热源的自动节能运行	根据负荷及电价的变化及趋势、天气状况、设备效率等确定并显示优化运行方案，并显示未来8h主机、冷冻泵、热水泵、冷却泵、冷却塔等设备的启停和运行参数设定
3	手自动切换	允许将空调冷热源的全部或部分设备交由手动或自动控制系统控制
4	能耗和能效数据	动态显示各主要能耗设备和空调冷热源总的能耗和能效数据
5	保养建议	实时显示主要设备的性能曲线和效率对比图
6	设备故障报警	对主要设备的异常给出报警
7	数据库	设备的运行数据及室内温度变化被记录在数据库中，累计可保存10年的数据
8	统计报表	提供部分参数的统计报表（指定时间内机组使用时间、供冷、供热总量、平均效率、总能耗等）
9	操作员日志	保存1年内不同操作员的操作记录

（4）末端风机盘管节能改造

经过现场考察，该医院大部分末端风机盘管为三速调节，对现场300台风机盘管进行改造。

具体改造措施为更换末端风机盘管的温控器为无线温控面板，采用无线温控器+无线网关，再通过RS-485连到交换机进行组网，新增上位群控管理系统，在局域网内的电脑均可通过指定的IP地址访问群控系统，根据不同权限设定各自的温控器的状态。

该医院通过安装无线联网型温控器可以实现以下功能（为了限制操作和咨询的范围，可以设置用户的执行权限）。

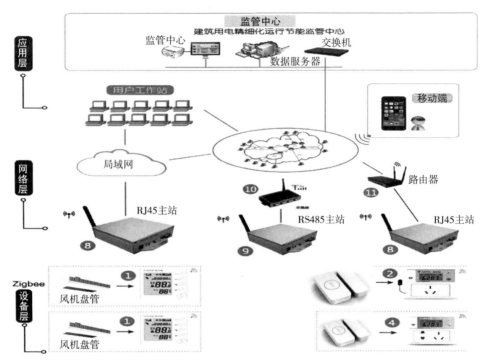

图6-21　建筑用电精细化运行节能管理系统

根据建筑用地精细化运行和节能管理要求，如图6-22所示。

①按照使用需求分组集中控制，也可以每台风机盘管单独控制，方便医院灵活管理。

②在程序中预设时间日程（可组成每周日程和年度日程），自动执行对设备的控制。

③在风机盘管群控软件界面上显示故障信息和操作日志。

④计量各风速挡运行时间，可用于中央空调主机系统能耗分科室计量，作为各科室能耗考核的依据。

⑤无线双轨通信，免布线安装，一键配置自动组网，安装调试更简单。

⑥既可以通过BA系统主机也可以通过智能终端APP实现控制，方便快捷。

⑦可实现远程开关温控器、限制空调使用时间、远程设定温度、限制温度调节范围，系统管控灵活。

⑧内置多种节能策略，如自动风速适应温度、一键节能等。

（5）照明系统改造

医院照明有部分区域已更换为LED光源，尚有6#楼、7#楼、9#楼未更换，仍使用的是传统照明。其主要使用在6#楼公区、病房和各科室；7#楼公区、候诊区、病房和各科室、B1楼设备机房等区域；9#楼的设备机房等区域。传统照明光源类型主要是0.6/1.2 m 14/28 W T5日光灯管、36 W 1.2m T8日光灯管、13 W插拔式节能筒灯、1.2 m T5日光灯支架、85 W节能灯等类型。医院照明控制方式主要是手动开关控制，部分区域安装有红外开关控制。

①LED灯具要求。

光源光效不低于90 lm/W、显色性（Ra）不低于80；灯具选型、安装尺寸及安装工艺满足原有区域装修和使用要求。

②具体替换方案。

本项目拟将传统光源改造为LED光源和灯具，在满足现有照明控制、照度、显色指数、色温、配光曲线、功率因数的基础上，降低照明系统的能耗。光源数量统计：此项目拟更换光源数量为4 299支，最终以实际更换数量为准。依据《建筑照明设计标准》GB 50034—2013主要光源/灯具更换方案及灯具参数清单见表6-25。

表6-25 主要光源/灯具更换方案

编号	传统光源	LED光源
1	13 W 6 000 K节能筒灯	6 W 6寸①6 000 K LED筒灯

① 1寸≈0.033 m。

续表

编号	传统光源	LED 光源
2	36 W 6 000 K T8 日光灯管	10 W 6 000 K LED T8 灯管
3	3×14 W 6 000 K 0.6 m T5 日光灯管 （配套 0.6 m 格栅灯具）	18 W 6 000 K 600 mm×600 mm LED 面板灯 （灯具整体替换）
4	2×28 W 6 000 K 0.6 m T5 日光灯管 （配套 0.6 m×1.2 m 格栅灯具）	22 W 6 000 K 600 mm×1 200 mm LED 面板灯 （灯具整体替换）
5	6 000 K 85 W 节能灯	6 000 K 25 W LED 球泡

③更换步骤。

传统照明灯具改造为 LED 灯具的工程实施，应严格按图 6-22 中工序进行。

六、质量治理促进公共建筑能效提升的方案与措施

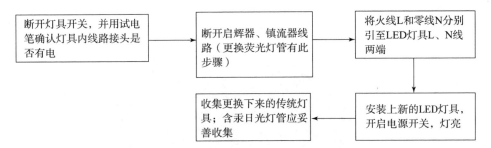

图 6-22 传统灯具改造为 LED 灯具工程的工序

④改造汇总表。

该医院照明改造项目光源汇总清单见表 6-26。

表 6-26 该医院照明改造项目光源汇总清单

名称	2#	3#	5#	6#	7#	9#	合计	备用灯具
T8 灯管 120 cm	180	0	1	0	96	38	315	
球泡	205	0	0	0	35	22	262	
T5 支架 120 cm	56	0	0	39	0	0	95	
T5 支架 100 cm	25	0	0	0	0	0	25	
T5 支架 90 cm	29	0	0	0	0	0	29	
T5 支架 60 cm	12	0	0	13	0	0	25	
T5 支架 30 cm	7	0	0	0	0	0	7	
6 寸筒灯	370	50	71	650	855	0	1 996	
4 寸筒灯	284	20	0	0	0	0	304	
吸顶灯	347	5	2	45	0	0	399	10
面板（30 cm×60 cm）	0	0	22	0	325	0	347	12
面板灯（60 cm×60 cm）	121	470	206	107	122	353	1 379	34
面板灯（20 cm×120 cm）	0	0	0	275	0	0	275	24
面板灯（30 cm×120 cm）	4	0	90	172	30	0	296	7
合计	1 640	545	392	1 301	1 463	413	5 754	87

改造前现场如图 6-23 所示。

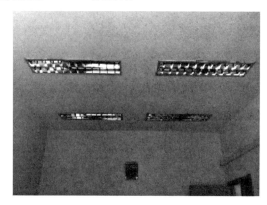

图 6-23 改造前现场

改造后现场如图 6-24～图 6-26 所示。

图 6-24 7#地下室墙面

图 6-25 7#地下室报修室

图 6-26 2#地下室 LED 灯管

六、质量治理促进公共建筑能效提升的方案与措施

（6）电能优化器

安装节电器可以增加用电系统中的电子密度、降低线路阻抗、减少用电损耗、减少谐波、提高用电效率。本项目共安装了 12 台节电器，见表 6-27。

表 6-27 节电器指标优化一览表

序号	名称	实际运行负荷/kW	配比/kW	设备型号
1	12#楼 1 号节电器	455.1	500	F-4500
2	12#楼 2 号节电器（图 6-28）	298.4	350	F-4300
3	12#楼 3 号节电器	243.4	300	F-4300
4	12#楼 4 号节电器	249.7	300	F-4300
5	12#楼 5 号节电器	3.1	—	—
6	12#楼 6 号节电器	0		
7	7#楼 1 号节电器	289.9	300	F-4300
8	7#楼 2 号节电器	267.6	300	F-4300
9	7#楼 3 号节电器	375	400	F-4400
10	7#楼 4 号节电器（图 6-29）	276.9	300	F-4300/F-4050
11	18#楼 1 段号节电器	409.4	450	F-4400/F-4050
12	18#楼 2 段	283.0	300	F-4300
合计		12 台		

（7）能源管理平台

能源的能耗监控是能源管理体系的重要组成部分，是计量、监控、记录、统计、分析和计划能源使用的信息化管控系统。同时，能源管理系统可以为各种节能降耗手段的充分实施奠定数据基础，具有非常明显的现实意义。后期可接入地区性能耗监控管理平台实现如下效果。

图 6-27　12#2 号节电器　　　　图 6-28　7#4 号节电器

a）实时采集并存储完整的能耗信息。

b）对能源数据进行分析、处理和加工，使工作人员能实时监测能源运行状态。

c）全方位监控能源供给、使用与分配，监测能源使用异常状况。

d）优化能源供给、负荷分配，均衡负载。利用能源管理系统，管理人员可以从全局角度了解能源使用和变化，及时采取措施，优化能源调度，确保运行在最佳状态，减少排放，提高能源的利用效率。

e）掌握能耗数据，洞悉能源消耗流向，量化能源成本与构成，预测能源消费趋势。

①系统特点。

能源管理具有信息量大、管理复杂、周期长等特点。只有建立能源管理系统，才能建设全面的、长期的、规范化的能源管理体系。建筑能源管理系统从能源使用的全生命周期出发，为决策层、

六、质量治理促进公共建筑能效提升的方案与措施

管理层和操作层分别提供了不同的功能（见图6-29），有效地帮助用户了解能源使用明细，发现节能潜力，监测能源使用异常。

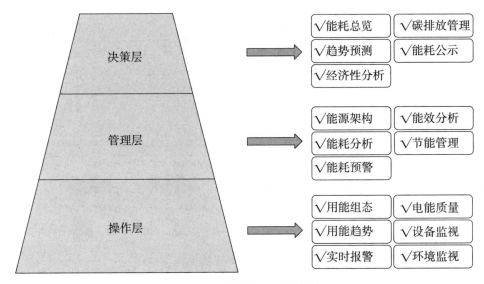

图6-29 能源管理系统框架

② 系统框架。

能源管理系统采用分布式结构，分为四层：现场采集层、数据处理层、核心服务层和应用层。这四层通过通信网络连接在一起，现场采集层的计量功能不受通信网络的影响，从而确保了系统的安全性和可靠性。系统架构如图6-30所示。

③ 系统功能。

a. 能源实时监控。

能源实时监控主要是采集并存储现场实时运行数据，实时展示实际用能情况，并对异常情况进行报警。主要包含如下核心功能。

a）数据采集和存储。

系统通过对主要用能设施、设备、区域进行能源供给和消耗分

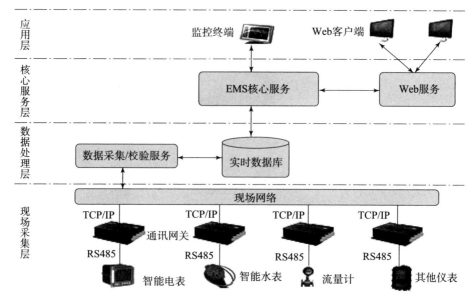

图6-30 EMS系统架构

项计量，可以实时、准确、详细地采集完整的能源数据，数据采集周期时间间隔不大于5 min，采集的实时数据包括以下两个方面。

（a）瞬时量：三相电压、三相电流、功率因数、频率、有功功率、无功功率、视在功率、温度、压力、流量；

（b）累积量：有功电度、无功电度、视在电度、流量。

系统内置实时数据库可以保存10年的能耗信息，为实时监控和趋势分析提供数据支持。系统支持数据备份，并提供原始数据查询分析工具。存储管理数据包括以下几个方面。

（a）三相电压、三相电流、功率因数、频率、有功功率、无功功率和视在功率；

（b）有功电度、无功电度、总电度、温度、压力、流量；

（c）重要设备运行记录（根据现场要求记录）；

（d）报警信息。

b）能源实时信息。

系统对实时获取的数据进行实时校验、计算，并建立能耗模型，从多个角度进行统计、分析、评判，采用动态曲线、图表等直观的形式，及时反馈能耗状态，协助管理人员发现用能系统存在的问题，并给出改进节能运行管理的建议。系统提供的实时信息包括以下几个方面。

（a）能源计量系统拓扑图（计量系统组态图）；

（b）建筑能源系统总揽；

（c）分类能耗（包括水、电力、集中供热）；

（d）分项能耗（能源用途分项采集和统计的能耗数据，如空调、动力、水处理、照明）；

（e）分区能耗（各个区域或用能单位的能耗和整体用能状况）；

（f）动态显示仪表/传感器读数；

（g）室内外环境信息；

（h）重要事件。

c）报警处理。

系统可定义单数据源越限报警、多数据源叠加计算报警，从而记录能耗超标、供给不足等事件。报警管理包含以下内容。

（a）显示最近的报警（24 h 内）；

（b）显示报警状态；

（c）报警历史记录查询。

d）综合耗能分析。

能源管理系统汇总采集的整体数据，提供整体能耗全貌，包括不同时期、不同种类的能源结构与使用状况。系统提供以下功能。

（a）总能耗分析（除水耗量外，折算成标准煤量）；

（b）能耗分类、分项分析；

（c）阶段能耗分析；

（d）分时能耗分析；

（e）能源消耗对比分析；

（f）异常能耗分析。

e）能源流向分析。

控制能耗的关键，是要了解能源消费结构及能源使用方向。根据能源使用的划分，按照不同时期、不同区域、不同用能单位、不同类别，展示能耗明细，呈现出不同角度的能源消耗视图，供决策层使用。

f）负荷分析。

该功能是按照时间维度对能源负荷趋势进行分析、统计和显示负荷的变化情况，包括所监控的所有电流值、电压值、功率值、频率值、功率因数等参数的变化曲线。这些分析结果对提高用电质量有着重要的意义。

b. 能源决策支持。

能源决策支持给管理者提供更高层次的统计信息，使得管理者获得全面的能源消耗与运营成本之间的联系，推动科学的能源管理与日常运营管理相结合，实现节能减排，降低企业运营成本。该功能主要包含如下子功能。

a）能源成本核算。

能源成本分析是对能源消耗费用进行核算，包括以下几个方面。

（a）对不同种类能源费用进行分类核算；

（b）对不同区域能源费用进行核算；

（c）通过同比、环比分析，用户可以对能源成本进行追踪，进行可持续性调整。

b）关键能耗指标分析。

系统根据使用者要求，定制计算经济性指标，包括主要用能单位能耗等。同时，系统可以从时间维度出发，展示不同时期的对比数据，了解能耗费用变化。

c. 能源信息公示。

随着信息技术的高速发展，信息化能源管理系统作为日常管理的一部分，作用日趋重要。能源管理系统为了满足日常管理需求，提供了丰富的报表，包括以下几种。

（a）周期能耗报表，如天、周、月、季度、年或自定义时段报表；

（b）总能耗报表/能流报表；

（c）能源结构报表；

（d）能耗成本报表；

（e）负荷分析报表，如实时功率变化曲线；

（f）能耗指标报表；

（g）历史事件报表，如各类报警事件按时间跨度导出报表。

智慧能源运营管理平台集产品和技术于一体，采用分布式、微服务的软件架构，向用户提供集中管理、远程监控、能源管理、能源数据分析、智能控制算法和运维管理等全套能源运营管理方案（见图6-31和图6-32）。在传统的BA系统上通过智能算法、智能控制、优化节能、全方位监控等功能实现系统智慧节能运营，可为客户打造绿色、低碳的数字化能源运营管理平台，节能率可达5%~8%。

10. 改造完成情况

2020年12月24日和2021年1月18日：共有两批灯具配合医院科室升级改造；

2021年3月22日—2021年6月29日：进行了2#楼、3#楼、

图 6-31 3D 平台

图 6-32 能源管理平台

5#楼、6#楼、7#楼、9#楼灯具升级改造,其余楼的灯具安装后期配合医院的改造进行;

2021年3月15日—2021年6月15日:对2#楼和7#楼制冷机房进行升级改造;

2021年3月15日—2021年4月21日期间进行前期的准备工作,包括旧设备拆除等;

2021年4月27日:冷水机组、水泵进场;

2021年4月29日:电控柜进场;

2021年5月16日:进行机组试运行,目前机组运行平稳。加装机房群控系统,可在自控平台上实现制冷设备的远程启停及设备的自动化运行。

七、质量治理视域下绿色金融协同助力公共建筑能效提升模式

（一）基础调研

1. 绿色金融支撑公共建筑能效提升案例调研

（1）绿色金融的发展现状

我国绿色金融发展始于2007年，当时中国政府提出了"生态文明建设"的理念，推动了环境保护和可持续发展的进程。中国银监会（现已改为国家金融监督管理总局）发布了《绿色信贷指引》，这标志着中国绿色金融政策的萌芽。该指引鼓励银行向环保和节能领域提供信贷支持，并对环保和节能企业进行优惠贷款和风险补偿。

中国是全球首个建立系统性绿色金融政策框架的国家。2016年8月，中国央行等七部门共同出台了《关于构建绿色金融体系的指导意见》，确立了中国绿色金融体系建设的顶层架构。

2021年9月，《中共中央 国务院关于完整准确全面贯彻新发展理念做好碳达峰碳中和工作的意见》明确了要积极发展绿色金融，建立健全绿色金融标准体系等具体措施。中国人民银行将"落实碳达峰碳中和重大决策部署，完善绿色金融政策框架和激励机制"列为重点工作，确立了"三大功能""五大支柱"的绿色金融发展政策思路。

中国正在加快构建"国内统一、国际接轨、清晰可执行"的绿色金融标准体系。2021年4月正式发布的《绿色债券支持项目目录（2021年版）》正是一项非常重要的绿色金融标准，首次将中国绿色债券的标准进行了统一。

各地按照国家部署，特别是广东、江苏、浙江、上海等地先行

七、质量治理视域下绿色金融协同助力公共建筑能效提升模式

推进绿色金融改革试点，取得了一批制度成果和实践成果。2017年6月，浙江省湖州市、衢州市被列为建设绿色金融改革创新试验区的试点城市，湖州市侧重金融支持绿色产业创新升级，衢州市侧重金融支持传统产业绿色改造转型，绿色金融发展总体上走在全国前列。2020年发布的《长三角"40+1"城市群绿色金融发展竞争力研究（2020）》中，湖州市和衢州市的绿色金融发展竞争力等级位列前三，均获A+评级。

虽然中国绿色金融市场不断壮大，涌现出了大量的绿色金融产品和服务，包括绿色债券、绿色保险、绿色信托、绿色证券等，但仍存在一些问题，包括以下几个方面。

一是存在信息不对称风险。金融机构通过对工业、企业进行尽职调查来衡量绿色信贷额度，助力产业结构升级和优化。但工业、企业生产活动的专业性高、信息量大，对于应该披露什么信息和如何披露等，难以制定统一的信用体系评价标准，这使金融机构风险识别困难，容易造成贷款规模杠杆率过高的问题，从而导致信用风险的产生。传统高碳企业对化石能源的依赖性较强，使用可再生能源技术难度大、项目周期长，容易形成流动性风险。

二是监管面临新挑战。我国绿色金融发展迅速，绿色信贷、绿色保险和绿色衍生品的市场规模逐步扩大，金融机构储存了大量的交易数据和客户信息，并且数据涵盖的范围越来越全面，数据量成指数式爆炸性增长，导致监管机构处理数据的周期长，难以实施有效监管。部分企业在申请绿色信贷或发行绿色债券后，没有完全把资金应用到所对应的绿色产业升级和结构优化的项目中去，存在"洗绿"的行为，监管存在滞后性和不确定性。同时，金融机构的数据来源不规范、数据格式非标准化，存在数据孤岛问题。

三是融资资源配置仍待优化。从目前国内情况来看，社会各界对绿色金融并未达成共识。作为绿色金融的发展主体，大部分金融

机构甚至中国四大银行仍未广泛参与其中，这在一定程度上限制了绿色金融产品的融资规模和融资渠道。依据现行绿色金融融资标准，具备一定规模的大企业和政府主导的环保项目往往更易获得融资支持，而中小型企业作为节能降碳发展的关键成员，由于规模不足、市场占有率低等原因无法吸引到绿色金融的相关支持，这种不均衡的融资资源配置在很大程度上加剧了中小企业融资难问题。

此外，绿色金融领域需要具有专业节能知识和实践经验的人才，但是目前这方面的人才短缺，需要加强人才的培养和引进。

（2）绿色信贷支持合同能源管理节能改造

①绿色信贷。

从目前来看，我国绿色金融的核心内容仍是绿色信贷业务。从2012年银监会发布《绿色信贷指引》开始，到2013年的《绿色信贷统计制度》，2014年发布的《绿色信贷实施情况关键评价指标》，2016年8月31日中国人民银行等七部委发布的《关于构建绿色金融体系的指导意见》（银发〔2016〕228号），再到随后人民银行和银保监会（现已改为国家金融监督管理总局）相继发布绿色信贷统计制度，以及近期发布的《银行业存款类金融机构绿色金融业绩评价方案》，不断加大对绿色信贷的考核力度，推动银行业以绿色信贷支持绿色低碳转型。

当前是我国新旧产业和发展动能转换接续的关键期，各银行对于将信贷业务向绿色产业倾斜都从制度上给予了保障。截至2020年年末，国内21家主要银行绿色信贷余额超过11万亿元，绿色交通、可再生能源和节能环保项目的贷款余额及增幅规模位居前列。绿色信贷资产质量整体良好，不良率远低于同期各项贷款整体不良水平。绿色信贷环境效益逐步显现，按照信贷资金占绿色项目总投资的比例计算，21家主要银行绿色信贷每年可支持节约标准煤超过3亿t，减排二氧化碳当量超过6亿t。

七、质量治理视域下绿色金融协同助力公共建筑能效提升模式

合同能源管理是当前被市场普遍接受的节能改造市场化模式。有统计数据表明，2020年合同能源管理项目年投资额约为1 245.9亿元。"十三五"5年累计新增合同能源管理项目投资5 748亿元，年均增速4.2%。5年累计新增投资额比"十二五"增加了2 000多亿元，发挥了市场化机制引入社会资本拉动节能投资的重要作用。合同能源管理项目投资对应形成年节能能力4 050.06万t标准煤，形成年减排二氧化碳能力10 172.27万t。76%的节能服务公司年营业收入分布在500万~1亿元区间。2021年2月国务院《关于加快建立健全绿色低碳循环发展经济体系的指导意见》（国发〔2021〕4号）指出："壮大绿色环保产业。推行合同能源管理、合同节水管理、环境污染第三方治理等模式和以环境治理效果为导向的环境托管服务。进一步放开石油、化工、电力和天然气等领域节能环保竞争性业务，鼓励公共机构推行能源托管服务。"3月国家发改委、教育部、科技部等发布《关于加快推动制造服务业高质量发展的意见》（发改产业〔2021〕372号）指出："支撑制造业绿色发展。强化节能环保服务对制造业绿色发展的支撑作用，推进合同能源管理、节能诊断、节能评估、节能技术改造咨询服务、节能环保融资、第三方监测、环境污染第三方治理和环境综合治理托管服务等模式，推动节能环保服务由单一、短时效的技术服务，向咨询、管理和投融资等多领域、全周期的综合服务延伸拓展。"

合同能源管理未来的发展方向包括以下几个方面。第一，继续坚持市场主导的节能服务产业发展，鼓励支持企业兼并重组做大做强，全面推广不同的合同能源管理模式，优化合同能源管理发展环境；第二，在政府能够主导的公共服务、基础设施领域有序开展系统节能改造，实施大型合同能源管理项目试点示范；第三，通过政策激励与支持，构建节能服务领域的绿色金融体系，推动合同能源管理快速发展，包括绿色信贷、绿色债券、发挥财政资金杠杆引导

作用、绿色保险、资产证券化；第四，完善合同能源管理监管服务体系、建立节能服务信息平台、统一规范项目节能量计算方法等。

合同能源管理模式下的绿色信贷按照授信方式的不同可分为三类，第一类是对合同能源管理融资主体进行授信获得信用贷款；第二类根据固定资产抵质押物价值为主体提供贷款；第三类将合同能源管理模式下产生的确定的未来收益权进行质押获得融资。第三类融资模式有如下特点。

特点 1：不改变合同能源管理项目本身的特性，扶持了节能服务公司的发展。

合同能源管理未来收益权质押贷款正是为了解决节能服务公司的资金压力而设计的。该信贷完全基于合同能源管理项目的运作，利用项目产生的未来节能收益分享权来给节能服务商融资，这样的授信产品正是市场上大多数客户所需求的。

特点 2：自偿性融资方式，无需抵押、保证担保。

合同能源管理未来收益权质押贷款以节能服务公司的未来节能收益分享权质押作为主要担保方式，借用保理业务的精髓，通过对用能单位资质的审查，基于对用能单位履约信用及付款能力的认可，将风险审查点转移，降低了节能服务公司的授信准入门槛，通过合同能源管理项目的自偿性来实现节能服务公司的融资。

特点 3：将未来收益权的不确定性确定化。

在合同能源管理项目中，未来收益权从定义上讲是具有一定不确定性的。这种不确定性包含分享金额的不确定性和分享权利的不确定性。合同能源管理未来收益权质押贷款业务模式中，首先要求节能服务商在和用能单位签署的项目合同中就对竣工验收后的未来收益分享量加以锁定，其次通过节能服务商、用能单位与银行签署三方协议的方式，约定用能单位在合同分享期内无条件支付节能收益分享款，节能服务公司则须相应承担延期服务责任。

特点4：综合收益高。

节能服务行业比较显著的特点之一就是项目收益率较高，3～5年的合同能源管理（energy management contract，EMC）项目，成本回收期为2年左右。而且对大多数节能服务公司来说，银行都处在绝对甲方的谈判地位，在综合收益上可以要求节能服务公司最大程度配合。

②合同能源管理融资案例。

案例1：某国有商业银行全面推出了合同能源管理金融产品。这是一款批量授信绿色信贷专案，针对节能领域，特别是节能服务公司轻资产、投入大、回收慢等业务运营特点，结合企业节能收益作为主要收入来源、拥有自偿性的特点，使用未来收益权质押贷款模式，根据企业承揽项目给予借款企业一定比例的授信额度，使客户享有多种灵活还款方式。该产品由市能效中心推荐贷款客户，还款来源其实是用能单位，资金本身也是用于用能单位的节能项目，由此做到风险可控。

案例2：某银行标准化合同能源管理融资产品。今年推出以项目未来收益权作为质押的合同能源管理标准化融资产品。这款产品将非典型意义上的项目未来收益权确权合并成为标准化的担保品，同时辅以现金流管控措施，缓解轻资产型的节能服务公司融资担保难题。在该标准化融资产品中，银行主要从三个方面来进行量化评估：一是节能服务公司技术能力和服务能力；二是节能服务公司既往成功的项目；三是项目技术可行性和经济可行性。这些是评判节能服务公司是否符合信贷准入条件的主要考量。

③结论。

就现有案例来看，当前合同能源管理未来收益权质押融资贷款实现了对轻资产节能服务公司的有效支持。但该类产品重点关注项目的两个要素的确定性：一是节能服务公司的技术实力和项目经验；二是关注合同能源管理项目未来收益权的确权情况，以及金融机构需要对这部分已确权的未来收益进行有效监管。在同步实现上述两项要素后，可适当放宽质押物的准入条件。

（3）绿色保险支持合同能源管理节能改造

①绿色保险。

绿色保险是一种市场化、社会化的环境风险治理机制。根据中央财经大学绿色金融国际研究院的研究成果，广义上的绿色保险指，在适应绿色发展过程中，为解决经济社会活动中的环境问题衍生出的环境风险而提供的一种保险制度安排和长期治理机制。它不仅包括绿色保险产品服务，也包括保险资金绿色投资。凡是有助于可持续发展、减少能源消耗、提升能源利用效率的保险产品都可以被称作"绿色保险"，包括环境风险管理类、服务绿色产业发展类、生态环境保护类、极端天气灾害风险类、绿色信贷风险保障类等产品。

通过推行能源合同管理模式下的绿色保险制度，依托于绿色金融政策，将合同能源管理行业与保险行业精准结合，推出"合同能源管理项目系列保险"，起到质量监督及融资增信作用，从而加强用户与节能服务公司之间的信任，提升节能服务公司的信贷能力，促进节能行业的发展，可有效地贯彻执行资源节约和环境保护的国家发展战略。

②绿色保险支持合同能源管理项目案例。

该项目所需的合同能源管理保险本质上是一种财产保险，以合同履约保证作为标的。市场上与此相关的保险并不普遍，且部分保险昙花一现，并未在目前的市场实践中有现实案例可循。

案例1：碳险通。

2011年年初，有金融机构连同某国家级节能行业协会等共同创新了面向节能服务公司的"碳险通"保险，承保对象为节能服务提

七、质量治理视域下绿色金融协同助力公共建筑能效提升模式

供商或节能设备供应商,为节能能力提供保险服务,但近年来尚未有市场实践。

案例2:节能收益责任险。

某保险公司为配合工业领域电力需求侧管理的试点工作,推出了节能预期年化预期收益责任保险专属产品,为依法合规从事节能合格项目经营的节能服务提供商或节能设备供应商提供保险服务,这也是目前市场上唯一的节能预期年化预期收益责任险产品。但该种保险目前仅应用于工业领域,在公共建筑能效提升项目上并不适用。

案例3:特定合同信用保险。

2017年由某保险公司推出特定合同信用保险,主要保险责任是针对市场上中期类项目信用保险的实际需求,承保最长信用期限为5年的项目类合同项下买方的破产或拖欠风险,适用于合同能源管理、成套设备安装、优质建筑工程项目等。其中最为常见的是合同能源管理节能合同,主要包括场所照明节能改造、楼宇空调节能改造、工厂余热回收节能改造等项目。该款保险特点为保险期限增长,相应保费也会增加。在节能服务商对未来应付账款的到账情况较有把握时,该保险对中小型节能服务商的吸引力较低。

③结论。

目前市面上的建筑节能类保险普遍面临着定制化程度较低,保费高昂,中小型节能企业不愿意购买或无力购买等问题。主要原因是:第一,保险公司在建筑节能细分领域为达到专业化程度所需的人力、资源、渠道等尚需加大投入,然而准确评估承保风险需要专业团队支撑;第二,建筑节能项目本身节能运营阶段长,因此以节能量为履约评判的保险周期相应较长,致使保费较高。

(4)绿色信贷+保险模式支持合同能源管理节能改造

从金融协同支持的现状来看,目前"信贷+保险"的金融协同

支持形式多用于农林牧渔等第一产业。在协同机制方面，则主要是通过农业保险为农业信贷提供信用增级，以扩大信贷支持规模，并且其中需要财政部门提供一定支持。

在建筑节能领域，合同能源管理模式是一项相对新兴的业态模式。合同能源管理模式本质上属于工程施工的应收账款，合同能源管理模式下的融资属于应收账款质押融资形式，也是供应链金融在建筑工程业的运用，由于涉及的信用主体较多，导致融资模式较为复杂。当前建筑业发展市场化程度较高，财政补贴已经退出，因此借鉴农业领域运用保险为信贷提供增信作用的做法在建筑领域并不适用。

总体来看，合同能源管理模式在建设和运营阶段存在一系列可能影响项目收益的风险因素和问题，主要体现在以下几个方面。第一，节能服务公司良莠不齐，存在综合服务能力与市场需求之间的矛盾。当前，合同能源管理服务市场竞争日趋激烈，用能单位已不再满足于提供单项节能改造，而是希望得到一揽子整体节能解决方案，这就要求节能服务公司具有管理、融资、法律风险防控等多方面能力，这对于我国多数节能服务公司而言，综合服务能力难以满足节能市场的综合性需求。第二，第三方机构数量和质量不能满足产业发展需求。节能项目实施后的节能量评价，需要具有权威性的审核队伍和评价体系。目前，节能审核机构和人员的数量都远远无法满足日益增长的节能业务市场需求。合同能源管理市场涉及工程咨询、节能诊断、评估检测、能源审计、业务培训等多项中介业务，第三方节能审核缺乏依据和标准，缺乏技术能力全面、公信力高的审核机构，导致合同能源管理机制的大规模推广被制约。第三，融资障碍。节能服务公司要做大量的项目，就需要大量的投资和融资。银行很多时候对项目的好坏、项目节能效益等无法做出准确判断，最大的顾虑是贷款无法回收。所以，融资机构一方面要提

七、质量治理视域下绿色金融协同助力公共建筑能效提升模式

供购买合同、节能效益的质押等多种经营品种为合同能源管理项目提供融资服务,另一方面银行也要加大培训,鼓励相关业务部门的创造性。同时,国家应该把银行等融资机构纳入激励的范围之内,鼓励银行开展相关业务。虽然在当前发展阶段该模式对现有保险产品的需求尚未体现,但仍需必要的风控措施,因此保险仍然可以为项目整体收益提供必要的风控支持。

2. 项目利益相关方调研

(1) 调研基本情况

2021年对项目现场进行了调研。调研内容包括公共机构改造现场走访、环保公司及保险公司的座谈。通过现场参观和座谈,了解项目施工进度和金融协同工作推进进度,以及听取使用各类保险的建议。总体来看,项目运行期限内(10年)内部收益率约为27%,项目收益能力较好。金融协同方面,当前由于项目存在金融支持方面的供需错配,一是在信贷领域,作为中小型企业的改造主体,项目风险点集中于主体,项目自身风险较小,由于自身主体资质和能力限制面临着抵押品不足的问题,主要适用的信贷产品相对较为单一,即目前在该领域运用较为普遍的应收账款质押。二是在保险领域,目前尚未有针对合同能源管理的,尤其是节能量所设计的专项绿色保险产品,且银保合作面临操作上的难点。调研来看,需要总部对产品实现和风险管理的方式达成一致,方能实现以降低节能服务公司融资成本为目的的融资产品设计。综上,调研团队基于各方沟通和当前可行性,提出了"应收账款质押融资+产品损坏保障保险"的协同模式,以进一步提高项目操作的稳定性。利益相关方调研内容整理见表7-1。

表 7-1 利益相关方调研内容整理

利益相关方	利益关切议题	关键信息
业主方	成本节约、供电保障	能源费用托管型锁定了未来10年的能源费用支出,规避业主电力费用风险
项目实施方	资金支持;资金成本:信贷价格与保费;合法合规	项目获得未来收益权质押融资贷款,利率为基准利率,是最优惠的贷款利率。项目施工与运营过程中的施工安全与产品损害是节能服务公司认为影响项目整体盈利能力的最主要因素。特定合同信用保障保险保费过高,不符合节能服务公司盈利目标,并且本项目的能源费用支付方式为季度预付,且业主方为三甲医院,信用较好,违约风险较小
商业银行	项目实施主体信用能力;项目整体投资情况、项目商业模式与盈利能力	本项目本身前期投资规模小,且项目预期盈利效果高,风险相对有限。节能服务公司项目经验丰富,具备项目实施能力。项目现金流相对固定,业主方信用较好,双方确权顺利
保险公司	项目风险概率	投保人具有可保利益,本项目中投保人为系统实际使用人,且产品质量直接影响收益。该项目风险属于正常范围,风险保障边界清晰,具备可保条件

(2) 某保险公司相关保险产品调研情况

通过对某保险公司进行沟通与调研,获知相关情况如下。

一是目前没有节能率保证保险。根据项目公司经理介绍,目前保险公司尚未有针对存量建筑绿色化改造设置专项绿色保险产品。提供保险服务需要依托现有的保险产品体系,当前并没有针对合同能源管理节能量预期的专项保险产品。

二是贷款保证保险由于保险风险较大而难以持续。针对第三方和银行的还款情况设置的贷款保证保险,之前是由银行与保险公司直接合作,对贷款池打包保险。但风控措施未到位,导致产生大量不良贷款,致使保险公司受到较大损失,该产品目前已经暂停销售。

三是保障设备损坏险应用较为普遍。该保险需要同时购买财产

七、质量治理视域下绿色金融协同助力公共建筑能效提升模式

一切险和机器损坏保险,综合费率在 1.5%~2% 之间。根据介绍,目前适用于合同能源管理项目运营期间的保险产品有员工职业责任保险和设备财产保险,其中员工职业责任保险更多用于主流行业,如医生、律师、工程师等,保险费率根据职业与个人因素共同确定。设备财产保险用于保障合同载明特定地址内的机器及附属设备因特定原因引起或构成意外事故而造成的物质损坏或灭失。投保设备损失保险需要同时购买设备一切险和机器损坏保险。

四是合同履约责任险的报价偏高。根据项目实施过程中的沟通,合同履约责任险理论上是当下可行的项目保险方案之一,但适用性较弱。在此保险中,节能服务公司作为被保险人和受益人,保险公司作为保险人,保障在买方破产、无力偿还债务或买方违反合同项的情况下对节能服务公司的付款义务,若买方超过本保险合同规定的宽限期仍未付款,则保障合同能源管理项目的运营收入,即项目融资中的第一还款来源,以提高节能服务公司现金流风险管理能力,进而提高项目融资的信用能力。该类保险是通过对买方进行授信,并通过买方信用确定保险费率。特定合同信用保证保险保障机制如图 7-1 所示。

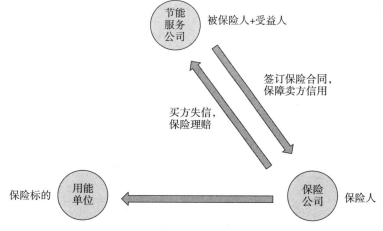

图 7-1 特定合同信用保证保险保障机制

在本项目中,保险公司提供的保险方案见表7-2,保障金额为当年约定的应支付能源托管费用。该方案的保障周期按照账期进行划分,每个账期为400万,若当前账期内未支付并发生违约,则这部分损失金额由保险公司赔付,赔付上限为账期应支付金额的80%,即384万。保费支付方式为一次性年度支付,共1 600万元×0.8%,即12.8万元,占到项目贷款总利息的近一半金额,并且需要在保险生效前支付,形成了较大的企业财务成本,同时由于本项目业主方为医院,是财政适当补助的全国三甲医院,医院常年满负荷运转,信用情况良好,能源费用每季度初预付,债务债权关系明确,因此信用风险相对较小。另外,由于该合同属于特定合同履约责任险,产品累积的基础数据偏少,受制于保险风控需要,费率定价较高。因此,从该类保险的供需双方来看,都存在一定的不适用性,该保险方案的可行性较低。

表7-2 合同信用责任保险方案

一、投保时间	自生效之日起一年
二、投保范围	部分国内赊销交易
三、投保金额	1 600万元
四、承保损失	买方破产、买方拖欠应收账款
五、适用条款	某保险股份有限公司国内短期贸易信用保险条款
六、赔偿比例	批限业务项下赔偿比例为:买方破产所致损失80%;买方拖欠应收账款所致损失80%,但保险人另有约定除外
七、保单费率	统扯费率0.8%
八、最低保费	12.8万元
九、最高赔偿限额	384万元
十、最长信用期限	180天
十一、等待期	6个月

七、质量治理视域下绿色金融协同助力公共建筑能效提升模式

五是险资利用将为建筑能效提升市场提供有效支持。当前上海市已有险资成立的基金投向科创企业等案例。随着国家绿色发展基金成立（落户上海），险资有望通过投资形式为建筑能效提升的市场化模式提供资金支持。

（二）障碍分析

根据对银行和保险机构的调研，当前落实"信贷+保险"绿色金融协同路径存在诸多困难，具体如下。

一是合同能源管理公司因其自身发展规模等内外因素融资难度大。分析其原因如下。①合同能源管理公司规模小。目前，中国90%以上的节能服务公司属于中小型企业，自有资金有限，开展合同能源管理项目需要投入大量的资金，银行贷款是其资金的主要来源。②合同能源管理公司信用评级低。合同能源管理在中国的发展只有20年的时间，开展的合同能源管理项目数量有限，很多节能服务公司并没有形成品牌效应，信用评级不高，这也是融资困难的一个原因。③合同能源管理公司无抵押能力。企业申请银行贷款需要提供固定资产抵押（如土地、工业厂房等），而节能服务公司大多属于高新技术企业，拥有先进的节能技术，但缺乏固定资产，因此不易获得银行贷款。④银行节能技术专业评估能力不强。银行等金融机构缺乏节能技术专业评估能力，认为合同能源管理属于高风险业务，这在一定程度上影响了金融机构为节能服务公司提供融资的积极性。

二是当前保险多为信用保险，主要保障主体信用，还未有针对合同能源管理项目的保险产品。该类保险缺失的主要原因如下。①保险期限长，合同能源管理项目一般运行时间较长，在开发保险

产品前，保险公司需要充分了解风险点，投入的人力、财力等资源较多，时间战线较长。②节能技术成功具有不确定性、节能技术开发和生产工艺创新等失败的可能性，以及技术创新效果的不确定性会带来一定的风险。③数据管理挑战大，保险公司不具备管理超长期限和庞大数据的信息管理平台，且在项目长时间的投保期间保险公司内部存在公司架构及人员变动的可能，给数据管理和理赔服务处理带来了挑战。④目前对应风险保障的保费较高，影响项目收益，降低节能服务企业投保积极性。⑤保险综合型人才少，保险产品开发需要拥有金融保险知识和节能环保、能源管理知识的人才，目前国内综合型人才缺少，保险公司能提供相关的保险服务较少。

三是建筑节能未来收益权确权难度大、操作成本高。建筑节能改造属于工程类项目，且直接产物不明显，改造效果需要较长周期才能体现，且第三方评估体系尚未健全，导致建筑节能改造效果无法实现多方的共同认可。同时，公共建筑节能改造的收益权确权难度较大，增加了银行操作成本。

四是银保合作壁垒较高，加大项目融资难度，增加项目操作成本。根据调研情况，由于当前银行内部风控体系绝对独立，以保险为贷款增信的措施在建筑节能领域尚未有先例，落实起来存在多方面困难，反而影响贷款审批程序和周期，极大影响银保合作的积极性。

（三）绿色金融协同模式

当前"信贷+保险"的支持方式尚未有服务公共建筑能效提升的金融协同案例。尽管绿色金融支持建筑绿色化发展已经形成共

七、质量治理视域下绿色金融协同助力公共建筑能效提升模式

识,并且各项绿色金融工具已经对支持绿色建筑展开行动,但是以单兵作战为主,尚未形成合力。尤其从银行与保险机构的特点来看,保险主要从群体的综合风险角度予以考量,大数法则成为保险产品创新的根本因素之一,而银行所针对的单体项目有其个性化评价标准,双方的立足点略有差异。同时由于现有绿色建筑评价标准工作流程与融资流程存在期限错配问题,且国内尚未针对建筑能效提升制定专项标准,致使建筑低碳绿色化发展获得的绿色金融支持远少于能源、交通等其他重点领域。

本研究基于当前市场现状,对绿色金融协同支持进行探索,并构建了"信贷+保险"的实践方案,形成合同能源管理模式的金融协同支持模式,完善合同能源管理模式下的金融支持路径,在融资基础上同时给予风险保障,保障项目顺利运行。

1. 项目绿色信贷方案

如图 7-2 所示的合同能源管理项目中,医院委托相关公司负责建筑节能改造施工和未来 10 年能源系统的运行管理维护,托管范围包括医院本部范围,不包含租赁房、门诊部、本部 1 号楼等。该项目施工周期为 4 个月,运营周期为 10 年。项目总投资 650 万元,项目贷款额度 430 万元,剩余投资以自有资金投资。贷款利率采用固定利率方式,贷款定价为 1 年期的贷款市场报价利率(loan prime rate,LPR)为贷款利率,期限 5 年,每半年归还等额贷款本金,利随本清。具体方案与关键财务经济指标见表 7-3。商业模式部分,该建筑项目年度运营电费基准为 1 596.62 万元,根据节能方案,预计年节能收益为 200 万元。该项目采用能源费用托管型的合同能源管理商业模式,其中基准电费由医院按季度支付,节能公司通过某银行账户为其代缴电费,同步实现银行对于能源费用的

监管。根据贷款合同记载,具体实现方式为双方约定乙方在甲方开立专门用于贷款发放、对外支付、销售收入/支出或出租收入回款的账户。此外双方约定,项目回款优先归还本合同项下贷款本息等全部债务,剩余部分可用于支付项目相关设备采购款。10年期项目现金流量见表7-4,项目现金流量(估算)见表7-5。

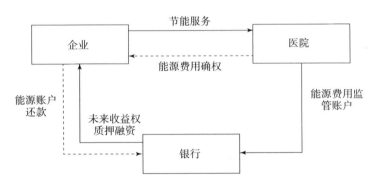

图7-2 合同能源管理项目商业模式与绿色融资模式

表7-3 绿色信贷方案与关键财务经济指标

指标	内容	备注
贷款年化利率	一年期LPR	
付息方式	本年还本,利随本清	
贷款期限	5年	
IRR	27%	假设第4年起节能率下降5%,第7年起节能率下降10%
NPV/万元	227.00	
静态投资回收期/年	2.56	
动态投资回收期/年	2.96	

注:净现值的贴现率取值为8%。

表7-4 10年期项目现金流量

区间/年	0	1	2	3	4	5	6	7	8	9	10
现金流/万元	-460	282.32	112.82	115.82	57.15	61.15	128.70	68.82	68.82	68.82	68.82

七、质量治理视域下绿色金融协同助力公共建筑能效提升模式

表 7-5　项目现金流量（估算）　　　　　　　　　　　　　　　　　　万元

区间/年	0	1				2				3			
周期/季度	0	1	2	3	4	1	2	3	4	1	2	3	4
贷款收入	200	100	100	30									
托管费用		387.18	387.18	387.18	387.18	387.18	387.18	387.18	387.18	387.18	387.18	387.18	387.18
项目总投资	-660												
贷款本金			-43.00	-43	-43.00	-43.00	-43.00	-43.00	-43.00		-43.00	-43.00	-43.00
贷款利息		-10.00	-8.00	-6.00	-9.00	-8.00			-9.78	-6.00	-8.00		-5.00
运维、税费支出		-324.32	-324.32	-324.32	-324.32	-324.32	-324.32	-324.32	-324.32	-324.32	-324.32	-324.32	-324.32
净收入	-660	62.86	9.86	62.86	10.86	62.86	11.86	62.86	10.07	62.86	13.86	62.86	9.86
扣除企业所得税后	-460	122.14	82.39	69.64	8.14	47.14	8.89	47.14	9.64	47.14	10.39	47.14	11.14

区间/年	4				5				6			
周期/季度	1	2	3	4	1	2	3	4	1	2	3	4
贷款收入												
托管费用	387.18	387.18	387.18	387.18	387.18	387.18	387.18	387.18	387.18	387.18	387.18	387.18
项目总投资								-43.00				
贷款本金	-324.32	-324.32	-324.32	-324.32	-324.32	-324.32	-324.32	-2.00	-364.24	-364.24	-364.24	-364.24
贷款利息	-8.00	-6.00	-4.00	-4.00				-324.32				
运维、税费支出	11.86	13.86	15.86	17.86	62.86	62.86	62.86	22.94	22.94	22.94	22.94	
净收入	42.90	-3.10	-4.10	-4.10	-3.10	42.90	42.90	-3.10	42.90	-4.10	-4.10	-364.24
扣除企业所得税后	32.17	-3.10	-3.10	-4.10	-3.10	32.17	32.17	-3.10	32.17	-4.10	-3.10	-3.10

续表

区间/年	7				8				9				10			
周期/季度	1	2	3	4	1	2	3	4	1	2	3	4	1	2	3	4
贷款收入																
托管费用	387.18	387.18	387.18	387.18	387.18	387.18	387.18	387.18	387.18	387.18	387.18	387.18	387.18	387.18	387.18	387.18
项目总投资																
贷款本金																
贷款利息																
运维、税费支出	−364.24	−364.24	−364.24	−364.24	−364.24	−364.24	−364.24	−364.24	−364.24	−364.24	−364.24	−364.24	−364.24	−364.24	−364.24	−364.24
净收入	22.94	22.94	22.94	22.94	22.94	22.94	22.94	22.94	22.94	22.94	22.94	22.94	22.94	22.94	22.94	22.94
扣除企业所得税后	17.21	17.21	17.21	17.21	17.21	17.21	17.21	17.21	17.21	17.21	17.21	17.21	17.21	17.21	17.21	17.21

七、质量治理视域下绿色金融协同助力公共建筑能效提升模式

在本项目的贷款中,乙方还就管理环境和社会风险做出声明与保证。乙方的义务包括如下几个方面。①建立健全环境和社会风险内部管理制度,并详细规定相关责任人员的责任、义务及处罚措施;确保与环境和社会风险有关的内部管理文件符合法律法规要求并得到切实执行;所有与环境和社会风险有关的行为、表现合规,不存在涉及与环境和社会风险有关的重大诉讼案件。②建立健全环境和社会风险突发事件应急机制和措施,设立专门的部门或指定专门人员负责环境和社会风险事宜。③配合甲方或其认可的第三方对环境和社会风险评估检查。④面对公众或其他利益相关方对于乙方控制环境和社会风险的表现所提出的强烈质疑,确保予以适当的回应或采取其他必要的行动。⑤督促乙方对其重要关联公司加强管理,防止关联公司的环境和社会风险传染至乙方。⑥及时通知甲方关于控制环境和社会风险的有关情况,包括但不限于在开工、建设、运营、关停过程中与环境社会和风险有关的各类许可、审批、核准情况;环境和社会风险监管机构或其认可的机构对乙方及其重要关联公司在环境和社会风险方面进行的评估、检查情况;环境设施的配套建设、运营情况;污染物的排放和达标情况;乙方员工的安全和健康情况;相邻社区针对乙方及其重要关联公司的重大投诉、抗议情况;重大的环境、社会索赔情况;其他甲方认为与环境和社会风险有关的重大情况。

2. 项目保险方案

经前期对各项保险产品的可行性和有效性的分析,确定可行性和风险规避的绿色金融协同方案保险部分如下。

(1) 雇主责任险

雇主责任险是指被保险人的雇员在受雇佣期间因从事保险合同所载明的被保险人的工作而遭受意外事故或患与工作有关的国家规

定的职业性疾病所致伤、残或死亡，符合国务院颁布的《工伤保险条例》第十四条、第十五条规定可认定为工伤的，依照中华人民共和国法律（不包括港澳台地区法律）应由被保险人承担的经济赔偿责任，保险人按照本保险合同约定负责赔偿的保险产品。其中赔偿范围包括：①死亡赔偿金；②伤残赔偿金；③医疗费用；④误工费用。本项目能否顺利实施与交付亦是项目面临的一个关键风险点。其中，项目施工期间是否安全规范则是影响项目实施的关键性因素。在调研中，节能服务公司认为在生产过程中一旦发生安全事故将对项目产生极大影响，因此企业认为购买此类雇主责任保险非常有必要。

（2）产品损险

产品损坏险包括施工期间的产品损坏与运营期间的产品损坏。

3. 其他协同方案落地的障碍

由于本项目的项目周期确定，先行获得项目贷款以解决资金需求问题则是推动项目实施的关键一步，基于和银行的交流，目前可应用的方式主要为未来收益权质押，且可以明确的是为项目主体提供未来收益权质押的银行无法通过保险凭证予以佐证的方式改变融资门槛。在此背景下，从提高项目运营保障的角度重点对保险产品的选择进行推进，并发现保险在使用中存在如下障碍。

（1）关于工程施工责任保险

在工程质量履约责任险中，节能服务公司和保险公司签署合同能源管理质量保证保险，受益人为用能单位，保险人作为合同双方的中介，通过聘请专业的第三方风险管控机构等方式提供风险管理服务，在项目施工阶段为项目质量提供保证，若施工结束后，节能服务公司改造的项目无法达到标准，保险公司则向用能单位提供赔偿。保险公司通过建立合同能源管理风险预警和闭环保障机制，以消除工程质量无法按时达到项目计划标准的风险，进而间接促进预期节能效益目标的实现，保障用能单位的利益。工程质量履约责任保险保障机制如图7-3所示。

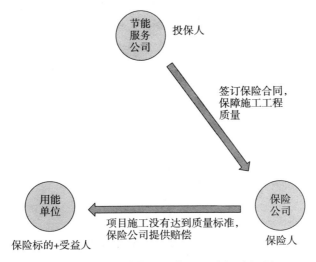

图7-3 工程质量履约责任保险保障机制

该项目属于能源托管型，服务内容同时包含施工和运营维护，业主方只需要支付运营期间的固定费用，施工效果直接关系着节能服务公司自身运营成果，不存在向业主方提供施工保证的义务，也未在原有合同中提及保证金条款，因此本项目并不适用工程施工责任险。

（2）关于节能量保险需求

该项保险保障节能设备运营期间的节能效益，节能服务公司与保险公司签署合同，用能单位为受益人，保险公司在项目运营期间，定期评估节能效益，核实项目是否达到预期节能目标，如果尚未达到预期效果，则由保险公司将相应差额赔偿给用能单位。该项保险直接保障了预期节能目标的实现，确保了整个节能改造工程最终效果的完成,提升了节能服务公司的信用,促进合同能源管理项目的可实现化和可持续化。节能量保证保险保障机制如图7-4所示。

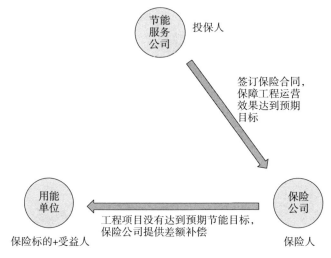

图7-4 节能量保证保险保障机制

运营期间的节能率是影响节能服务公司效益的直接因素,但是,目前尚未有保险产品能够对项目节能率进行有效保障。未落地的原因主要有如下几个方面。

①保险期限长带来的风险。

由于合同能源管理是一个长周期项目,较长的时间跨度导致不可预期风险加大。目前,作为保险机构,尚未系统性地针对该类型保险需求和可行性做全盘调研,在开发这个潜在的巨大市场前,需要投入足够的资源来了解和把握其中的风险。

②设备节能认证作为保险依据作用有限。

首先,即使市场上的节能设备经认证合格,保险公司承保节能产品质量时,仍需研判是否存在潜在隐患。其次,由于节能设备认证所依据标准存在逐步更新,认证过程中检测环节针对送样产品开展，以企业自我声明一致性加之工厂质量管理保证能力检查的方式开展。其中企业一致性声明往往存在诚信风险，且即使型式试验针对安全、节能等主要指标开展，但对耐久性和可靠性等其他关联因素不纳入考虑，因此单一设备节能认证支撑保险创新存在一定局限。

③技术成功的不确定性。

节能新技术属于一种技术创新，其技术风险是指由技术开发和生产工艺创新等失败的可能性及技术创新效果的不确定性所带来的风险。

④长时间庞大的数据管理问题。

目前，财产保险公司没有管理超长期限和庞大数据信息的平台。财产保险公司常见的长期业务如责任险和工程险的期限不超过10年（如建筑质量缺陷保险）。如何利用现有平台管理25年间庞大的数据、处理好这期间客户的理赔和服务是财产保险公司所面临的挑战。

4. 金融协同方案实施步骤

本项目采用合同能源管理未来收益权质押融资，并通过雇主安全责任险和财产一切险，为项目提供现金流保障。如图7-5所示，医院利用绿色信贷（合同能源管理未来收益权质押）+保险模式实施市场化机制的节能项目实施流程包括如下几个方面。

①节能服务公司与用能单位就拟进行节能改造的项目进行洽谈，对项目的可行性进行评估，双方就节能方案和效益分享达成一致后，签订《节能服务合同》。

②节能服务公司向银行提出未来收益权质押融资申请，提供能源审计、项目评估报告，银行对项目报告进行审核，并依据审核

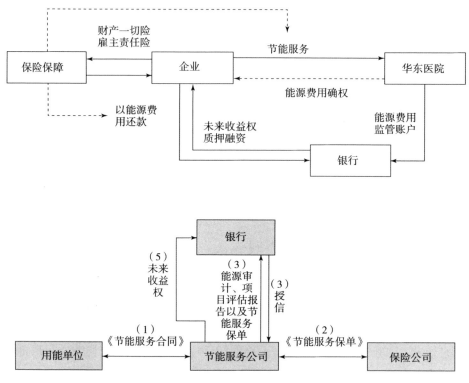

图 7-5 合同能源管理未来收益权质押 + 合同能源管理保险模式

结果决定是否向节能服务公司按照项目总投资额 70% 提供贷款。

③在获得贷款审批后,从项目的实际需求出发,节能服务公司向保险公司提出具体的施工期间风险保障内容、询价并购买保单。节能服务公司带资进行节能项目改造,项目改造完成后,由节能服务公司、用能单位共同验收。其间,商业银行通过设置监管账户,监测资金安全情况。

④为充分保障贷后项目现金流安全,增强贷后监管能力,保险被视为有效的风险分散措施。贷款后做好贷后监管,以降低项目在融资后的监管风险。从项目的实际需求出发,节能服务公司向保险公司提出具体的运维期间风险保障内容、询价并向保险公司正式采

购财产一切险和机器损坏险的保单，对项目过程主要风险点进行保障。

⑤节能服务公司使用未来节能收益偿还贷款。

5. 绿色金融协同意义分析

本项目运营期间，预期节能效果在很大程度上由设备质量及正常运行与否决定。通过购买机器设备损坏险，有效地保障合同能源管理模式下节能设备的正常运作，以实现预期节能效果。

（1）本项目所购保险产品是在当前可操作产品组合下所提供的"最优解"

本项目在金融产品选择中经过多方调研，在保险业尚未深度介入合同能源管理项目的背景下（基于大数法则的不适用性等原因），该阶段单体项目基于节能量的投保虽然非常必要，但在成本上缺乏可行性。由于信贷直接关系着项目的成败及项目能否如期完成，因此在确定项目信贷方式后，对所有可能的保险产品均开展了针对性调研。当前保险产品的选择是在目前针对合同能源管理提供未来收益权质押背景下所能够提供的最优解，无论是从节能服务公司成本支出，还是从保险能够提供的保障服务，抑或从保险公司内部审批流程的效率及所提供的保险服务与项目周期的精准匹配等方面来看，在未来类似公共机构能效提升项目中均具有一定推广性。

（2）以"信贷+保险"双保障协同助力项目实施推广

本项目中信贷与保险协同的主要表现是双方服务目标的一致性，即项目高质量地顺利推进。在信贷选择上，以尽可能减少第三方节能服务公司的融资压力、减少抵押需求为方向，选择了银行端可接受的未来收益权质押模式，通过绿色信贷解决前期资金投入大的问题；在保险产品选择上，最终形成了对于项目施工和运营过程的风险保障，针对项目运作的核心设备和人员安全提供保险服务，降低由于设备损坏而造成节能量出现偏差的，而又影响收益并进一步传导至信贷的风险，最终绿色金融工具的协同效益得以体现。

该协同机制具备可操作性和可推广性，保险支持建筑融资项目贷后监管的方案当前已经被应用于新建绿色建筑领域，本项目的金融协同机制作为既有建筑节能领域的又一实施方案，二者共同形成了推动建筑领域实现碳达峰和碳中和目标的绿色金融支持路径，具有重要的创新和实践意义。

（3）本项目在调研中发现的问题为金融协同升级提供方向

本次金融协同方案设计从不同协同目标的角度提出实施方案，包括建立银保直接合作中以降低融资成本为目标的实施方案，以及降低项目实施风险以确保项目按期完成的实施方案等，在不同实施方案下暴露了为实现目标所需解决的关键性问题。例如，在银保合作方面，银行与保险之间的制度性障碍是阻碍目标实现的关键因素，即除了在总部间建立合作外，银行与保险机构并没有针对该领域产生强烈合作的动力，且该问题在项目期内难以解决，但这无疑是建立银保合作方式以共同服务公共建筑能效提升的下一阶段重点方向之一。

八、质量治理促进公共建筑能效提升的成效

（一）专业的节能改造方案为落实绿色金融协同机制提供坚实的基础保障

专业的、优化的节能改造方案是实现项目节能效果的基本要素。本项目节能改造在充分调研公共建筑用能情况和用能系统基础上，围绕设备优化和能源管理系统提出了最优方案。公共建筑与其他类型建筑在节能改造内容上有所不同，节能服务公司在为本项目制定节能改造方案的过程中，可深入分析公共建筑在用能特点、改造难度、操作流程等方面的关键要点，为其他节能服务公司开展公共建筑节能改造提供经验和借鉴。

（二）未来收益权确权贷款为中小型节能服务公司融资难提供可行的解决路径

节能服务公司是公共建筑节能改造的主力军。开展公共建筑节能改造的节能服务公司多为中小企业，基于当前市场上节能服务公司融资难和信用能力不足的问题，可将未来收益权确权贷款作为可实践的路径之一。公共建筑主体多为公共事业单位，具有较高的主体信用，有保障的买方信用解放了节能服务公司的信用压力，尤其是小型节能服务公司，这有助于将合同能源管理未来收益权质押融资模式应用于公共建筑能效提升项目的全面实施，具备操作和推广的基础条件。

（三）绿色金融协同机制为公共建筑能效提升项目提供有效的风险保障

公共建筑能耗是当前我国主要的建筑能耗来源，其减排潜力巨大，是建筑节能工作的重要领域。通过引入绿色保险机制，同时采用合同能源管理未来收益权质押融资拓宽了绿色金融支撑公共建筑能效提升的实施路径，在保障项目改造资金顺利到位的同时，通过保险方式为项目改造完成后的运维阶段提供了风险保障。此外，通过在贷款银行开立专门用于贷款发放、对外支付、销售收入/支出或出租收入回款的账户，实现了银行对能源费用的监管，形成了有效的贷后闭环监管机制，确保了多方共赢的局面。

（四）能源费用托管型合同能源管理模式是未来收益权质押融资的适用场景

利用未来收益权质押来获取贷款是绿色信贷支持建筑能效提升的创新举措。本项目的贷款是招商银行上海分行首笔建筑节能领域的应收账款质押贷款，以能源费用托管模式形成的未来收益权，辅以确权手段，共同推动了项目贷款的成功发放。该项目贷款提供未来收益权质押融资的关键性启示有：①能源费用托管型的合同能源管理模式由于具有稳定的还款来源，更受商业银行的欢迎；②开立资金监管账户与确认债权债务关系等手段是保障还款来源安全的重要支撑；③业主方具有稳定的付款能力也是未来收益权质押融资的一个重要前提。

(五) 保险对贷后监管具有支撑作用

在项目全生命周期中,还款来源的风险通常存在于施工阶段和运营阶段。在项目施工阶段,主要风险在于施工阶段的人员设备安全;在项目运营阶段,主要风险在于无法达到预期节能效果,而产生该风险的因素主要是来自运营期间的关键设备损坏。除主要因素外,还有其他较多次要的主客观因素会影响节能效果,因此若购买整体的节能保障保险,其保费较高。综合来看,购买其中关键因素的保障保险,即设备损坏险,是兼具经济性和可行性的选择。总体上可以得出,该项目保险对于贷后监管的支持路径为,从购买财产一切险和设备损坏险出发,实现对节能效果实现的核心保障,加之项目稳定履约的现金流,从而满足贷后监管要求。

(六) 市场化节能机制为公共建筑能效提升项目提供良好的实现途径

1. 总结出一套公共机构能源费用托管项目的管理办法

根据项目实施经验,项目组针对公共机构能源托管合同能源管理项目的立项(备案)、采购、实施、支付、资产管理等方面开展深入研究,配合相关部门提出实施办法/建议。

2. 引入社会化资本实施节能改造,节约财政开支

据有关部门测算,建筑部门实现碳中和,相关投资可能超过百

亿元，未来建筑领域双碳目标的实现，仅仅依靠财政资金是不足的，需要最大限度借用社会资本的力量。而合同能源管理机制恰好是这样一种市场化的机制，通过引入社会资本，使建筑用户降低能耗、提升能效、降低能源费用的同时，也使节能服务公司有合理利润，达到几方共赢的目的，这具有一定的可持续性。

3. 能源费用托管模式收入确定性的特点有助于获得金融支持

本研究在医院公共建筑示范了能源费用托管型模式，主要利用社会资本解决了医院更新能效设备、提高能源效率的需求。同时，能源费用托管型具有收益确定的特点，因此比节能效益分享型更容易被银行接受，它开拓了节能服务公司从银行获取融资的有效途径。

4. 绿电、绿证交易成效显著

我国于2021年9月启动绿电交易试点，由北京电力交易中心和广州电力交易中心发放绿色电力消费证明，交易时需标明能量价格和环境溢价。2022年，全年核发绿证2 060万个，对应电量206亿kW·h，较2021年增长135%；交易数量达到969万个，对应电量96.9亿kW·h，较2021年增长15.8倍。截至2022年年底，全国累计核发绿证约5 954万个，累计交易数量1 031万个，有力推动了经济社会绿色低碳转型和高质量发展。

分布式新能源自发自用是比较典型的绿电消纳及节能降碳手段。2022年，江苏省分布式光伏、风电自发自用电量87亿kW·h。2022年浙江省的部分分布式新能源通过分布式电源聚合形式进入了绿电市场，2022年2月以来，浙江省内共29家聚合商代理近2 000家分布式电源，开展绿色交易2.39亿kW·h。

九、国外市场化方式推动节能降碳的经验及其启示

（一）国外市场交易机制案例与经验启示

1. 国际碳交易市场体制机制

2005年建立的欧盟碳排放交易体系（EU ETS）是全球第一个碳市场，是除中国碳市场以外最大的碳市场。欧盟碳市场在建立之初将2005—2030年期间分为四个阶段，每个阶段在基本设置、减排目标、配额分配、交易产品等方面均有不同程度的调整。目前，欧盟碳市场的运行已进入第四阶段。在一级市场中总量逐步递减，分配趋向有偿；在配额分配方面，欧盟碳市场经历了从免费分配到有偿分配的转变；在二级市场中碳价波动剧烈，交易机制优化。欧盟碳市场的交易对象以碳期货为主，其碳价走势呈现较大波动。

国际碳排放交易体系未来发展趋势主要有如下几点：①更多国家或地区启动碳市场建设。未来几年将有7个国家和地区启动碳市场，其中包括哥伦比亚、越南、印度尼西亚等，还有15个司法管辖区正在考虑建设碳市场。国际碳排放交易体系的规模和覆盖范围将会越来越大，其在全球减排进程中发挥的作用也将越发凸显；②配额分配方法将不断完善。欧盟碳排放权交易体系前两阶段与第三阶段的运行结果表明，与无偿分配相比，有偿分配更能促进企业建立长效减排机制，提升减排成效；③逐步缩小碳排放权价格差异。碳价差异较大的国家可通过碳边境调节机制、经贸谈判等方式，对碳市场施加间接影响。碳价差异较大的经济体难以直接推动碳市场连接，而维持不同的碳价将对各经济体的经济发展、出口商品竞争力产生差异化影响。

2. 国际绿电证书交易的比较及其对中国的启示

国际可再生能源证书（International Renewable Energy Certificate，I-REC），简称国际绿证。I-REC 由总部位于荷兰的非政府组织国际可再生能源基金会（I-REC Standard）进行签发，一个 I-REC 相当于电量 1000 kW·h，I-REC 是国际公认的可再生能源消费记录标准，受碳披露组织接受和认可。2023 年 1 月起，申请签发 I-REC 的标准是无补贴项目发电设施（电力平价上网），且未申请过其他绿证或碳信用产品，以确保 I-REC 环境权益属性的纯粹性和唯一性。

全球可再生能源交易工具（Tradable Instrument for Global Renewables，TIGR）。APX 总部位于美国，其 TIGR 是追踪企业在北美以外地区购买可再生能源的黄金标准。北美地区的绿证称为 NAR（North American Renewables Registry），北美之外的称为 TIGR。APX 创建了全球可再生能源交易工具注册中心，作为跟踪和转让可再生能源证书的在线平台，APX 主要对平价无补贴项目核发绿证，与国内绿证不同的是，其对分布式光伏项目可以进行绿证核发。目前，I—REC 水电是 2~3 元/张、I—REC 风电/光伏是 5~7 元/张，APX TIGR 约是 30 元/张。

对我国施行绿色证书交易制度的启示如下。

一是进一步加强绿电、绿证交易信息披露，提高绿证收入的使用透明度，进一步改进绿证签发和跟踪机制。随着产业性的新型能源转型，将会有更多的公司、用户开展产业减排计划，绿电、绿证用户需求群体的增加，必然催生出对于绿电、绿证交易信息透明度的刚性要求。一方面，是出于对参与绿证、绿电交易的市场主体公平参与交易的需求；另一方面，是出于完善全国统一绿证市场，保障绿证在全国流通的需要。

二是我国目前的绿证注册和跟踪制度还不完善,"变种的绿证"仍然存在,各个交易部门间缺乏有效的统计和信息分享机制,也没有全国性的绿证监管制度和机构。这种混乱的管理体制,可能导致绿证在不同市场机制下被重复使用,从而降低绿证的可信度,扰乱市场公平性。这也是我国绿证在国际上还不被承认的主要原因之一。

三是绿色证书基期价格偏低影响证书价格的科学设定。为更好地引导市场参与主体进行交易,当测算基期价格时,需综合考虑绿色证书交易市场和电力市场,使得绿色证书初始交易价格不仅满足社会福利最大化及传统发电企业完成配额目标,而且能够保证企业正常运转和利润。绿证的交易必然为市场参与者提供重要的市场信息,在综合考虑自身发电成本、绿证交易价格和电力市场价格等因素的情况下,以自身利益最大化为目标,同时参与电力市场和绿证市场的交易。

(二)国外市场服务机制案例与经验启示

1. 德国能源网络进入模式的演变及其对中国的启示

德国在 2005 年颁布了新的《能源经济法》。电力和燃气的网络进入模式从谈判型改变为管制型,以保证第三者进入能源供应网络的透明性和公平性。主要做法有如下几点。

一是确立管制型网络接入模式的法律依据。《能源经济法》第二十条第一款规定,能源供应管网运营企业应依据客观合理的标准保证所有人不受歧视地准入管网,并在互联网上公布准入条件(包括提供标准合同）和资费标准。此外，能源管网运营企业还应向管网使用者提供有效利用管网所必要的信息。能源网络进入的细节由电力网络进入法规（StromNZV）及燃气网络进入法规（GasNZV）予以规定。这两部法规将网络使用者进入能源管网的条件具体化，也是管制机构在此领域活动的法律依据。

二是合理确定网络进入费用。在确定网络进入费用标准上，2005年《能源经济法》提供了两种方案：成本核算方式和激励性管制方式。关于成本核算方式，第二十一条第二款规定，网络管道使用费用应是一个商业道德优良且富有效率的管道运营商所必须消耗的经营成本。但是，在成本核算方式下，能源企业会将不合理的成本转嫁到用户头上，致使网络运营商没有积极性去降低成本。因此，德国能源管制机构采用了一种新的核算进入费用的体制，即激励性管制方式。在激励性管制中，政府管制机构通过一种核算评估体系，通过一段时期的反复监测和科学计算，确定能源网络运营商收取网络进入费用的最高限额。在这里，政府管制机构是通过平均生产力水平的精细核定测算，来确定企业的合理成本，当企业通过技术革新和制度创新，以降低自身成本的方式取得超行业平均水平的经营业绩时，企业将会获取由此产生的激励利润。

三是规定网络进入拒绝。管网运营商也可以因为容量限制或其他原因而拒绝网络进入。《能源经济法》规定，只要能源供应管网运营企业证明，因受制于企业的自身原因或所兼顾到能源供应目标的其他原因，自己不可能或难以承受管网准入的，可以拒绝提供管网准入。拒绝管网准入必须书面阐明理由，并立即通知监管机构。如果因管网能力有限而拒绝管网准入的，在申请方要求下，能源管网运营企业的书面理由中还必须说明要实现准入所需要采取的管网扩建措施和相关费用，申请方可根据情况要求管网运营企业再次说明拒绝理由。

德国管制型网络进入模式制度设计及监管保障对我国的启示主要有如下几点。

一是确定管制型网络进入是前提——中国未来能源经济立法的应有选择。为充分发挥市场在能源领域资源配置中的决定性作用，建议我国尽快出台能源法，并在电力、燃气等能源行业的产业链中，充分借鉴欧盟及德国经验，通过明确管制型网络进入模式，依法设定能源网络进入的条件和成本，保证所有人不受歧视地准入管网。为保证法律的可实施性和操作性，可通过单独立法或完善原有单行立法，在《中华人民共和国电力法》《城镇燃气管理条例》《中华人民共和国电信条例》等单行立法中，明确能源网络准入条件（包括提供标准合同）和资费水平的确定标准，通过立法以确保不同的管网运营企业通过合作来确保能源管网的有效准入。此外，立法还需规定能源供应管网运营企业负有向管网使用者提供有效利用能源管网所必要的信息的披露义务，为满足消费者知情权提供有力的法律保障。

二是促进拆分是核心——破除能源纵向一体化格局的良方。在我国能源市场化过程中，要有效借鉴德国的经验和做法，在法律、运营及信息会计等方面加大拆分力度，真正在市场各个环节形成不同的利益主体，从而形成竞争的格局。对垂直一体化的能源企业实行拆分，将自然垄断业务与非自然垄断业务区分开来，自然垄断业务仍可以继续保持必要的垄断，而非自然垄断业务应该打破垄断，引入竞争，这样可以避免垂直一体化企业的内部横向补贴，保证竞争的公平性。通过拆分，充分实现能源网络管道运营的独立性，借助国家能源管理机构的有效管制，使处于运输前一环节的电力和燃气生产和处于其后一环节的销售领域可以实现充分竞争，真正形成网络管道上下游环节有效竞争的市场化结构，为能源垄断利益变为消费者公共福利奠定良好的基础。

三是完善监管是保障——构筑能源网络管道高效运作的机制。在能源供应领域,我国目前仍处于地方行政垄断的格局,消费者公共福利难以得到有效保护。应当尽快建立一个相对独立的全国性能源监管机构,并在未来颁布实施的《能源法》中,赋予其依法享有对具有自然垄断特征的电力、燃气等能源输送管网的公平开放、普遍服务等实行专业性监管的权力,并保证其拥有独立的行政权力和资源。

2. 国外合同能源管理服务评价现状及启示

美国能源部"联邦能源管理计划"。在美国,为实现政府节能目标,美国能源部成立了"联邦能源管理计划",该计划鼓励各政府机构采用合同能源管理模式实施节能改造,同时对节能服务公司进行筛选,筛选出符合要求的节能服务公司才有资格开展政府机构的节能改造项目。美国拥有众多节能服务组织,每个组织都会对申请加入该组织的节能服务公司进行评价和筛选,其中最具代表性的是美国国家节能服务公司协会(National Association of Energy Service Companies,NAESCO)。

加拿大能源服务公司协会。在加拿大,加拿大能源服务公司协会于1987年成立,协会通过向节能服务公司及接受节能服务的单位提供认证、支持和咨询,促进节能服务产业的有序发展。其成员包括设备供应商、公用事业单位、政府机构、律师和咨询顾问人员。

对我国的经验与启示如下。

一是加强国家投入,设立一批专业性强的实验室或认证机构。在合同能源管理实施过程中,节能服务公司和用能企业往往在项目绩效(包括节能环保效益、项目回收期等)方面存在纷争,各执一词，这与国内市场上提供节能技术、节能产品的公司鱼龙混杂、行业合格评定和推广都尚未规范有紧密关系。因此，应在这方面加强国家投入，设立一批专业性强的实验室或认证机构，来对这些节能技术和服务进行评价和认证，从而推进节能服务产业有序规范快速发展。

二是结合国外合同能源管理服务的评价方式，综合考虑我国合同能源管理服务特点及需求，建议从服务绩效、服务过程、服务能力、信用体系四个维度建立合同能源管理服务评价指标体系并开展评价活动。其中，服务绩效直接反映节能服务公司实施合同能源管理服务的结果和效果；服务过程、服务能力则作为达成服务绩效的主要保障，服务过程反映了服务系统的外在接触特征，服务能力表现出了服务系统的内部本质；信用体系反映企业诚信意识和信用水平。引入第三方机构，逐步建立合同能源管理服务认证制度和信用体系，对节能服务公司进行考核、评级，以此推动合同能源管理服务整体水平的提升，促进我国节能服务产业健康发展。

（三）国外市场调节机制案例与经验启示

1. 国外金融手段支撑节能降碳的应用及经验

（1）绿色金融

从国际先进实践看，绿色金融法制保障、实践路径、产品服务、公众意识都取得了良好进展，并为全球践行绿色发展理念提供了丰富的实践、制度、文化和理论的参考与借鉴。

一是政策制度方面。法律法规和政策保障对绿色金融的起步发展起到关键助推作用。英国是最早产生环境保护概念和环境法的国家之一，1990年颁布的《环境保护法》规定企业必须通过环境责任评估，才能从金融机构获得绿色信贷；1999年新修订完成的《大气污染防治法》对9 000多个企业生产工艺环节的环境准则进行了严格细化的规定；2012年启动的"贷款担保计划"为清洁项目和绿色生态环保企业提供了融资担保服务。日本绿色金融政策体系也较为完善，相继出台了《21世纪的金融行动原则》《气候创新金融战略2020》等文件，以此设立科学的碳减排目标。

二是市场建设方面。发达国家普遍重视用好市场机制，遵循全球通行的"赤道原则"，结合实际创造性开展绿色金融实践，促进绿色金融资源高效配置和可持续发展。例如，英国汇丰银行将绿色金融作为战略重点，在制定信贷政策、完善组织架构、健全信息披露制度等方面积极践行可持续发展理念，2005年成为全球首家实现碳中和的大型银行，美国富国银行于2009年11月成立了清洁技术小组，为开发、生产、营销清洁技术的企业提供金融产品和服务，所提供的融资已经超过50亿美元。

三是产品创新方面。主要是依托政府性绿色项目计划，引导信贷机构开展精准化产品服务创新。例如，德国近年推出的"生态建筑计划""旧房节能改造计划""可再生能源"和"太阳能发电计划"等项目，都带动了金融机构绿色金融的快速发展。此外，绿色金融基金、衍生品和保险产品也逐步兴起，如世界银行的原型碳基金（prototype carbon fund，PCF）、芝加哥期货交易所的天气衍生品合约等；如20世纪70年代末期，美国就将环境责任险设置为独立的保险种类，其保费较低廉、承保范围广，从而降低了生产经营中的环境风险。

四是信息披露方面。环境信息披露是落实环境保护主体责任的关键手段，是缓解绿色投融资信息不对称、降低运营风险、引导资金投向绿色产业的重要基础。国际上已经形成比较成熟的环境信息披露技术标准和指南，如全球报告倡议组织（Global Reporting Initiative，GRI）的《可持续发展报告指南》、国际标准化组织的《社会责任指南》、英国的"气候创新领袖指数"、明晟（Morgan Stanley Capital International，MSCI）"ESG评价标准"、澳大利亚"五维评价法"等国际环境信息披露方法。

（2）转型金融

转型金融是在欧盟（2016）"可持续金融"的基础上提出的，旨在满足碳密集型行业绿色转型资金的需求，其内涵和外延尚处于初步发展阶段。目前，大部分机构或国家主要是对转型活动进行定义划分，从而间接定义转型金融，但在转型活动划分上仍存在显著的分歧。

各国（地区）由于资源禀赋、产业结构、能源结构、发展路径不同，对转型活动范畴的具体界定也各不相同。欧盟采取正面清单模式，其于2020年发布的《欧盟可持续金融分类法案》明确指出22项减缓气候变化的活动可作为"转型活动"，这些活动集中在四大行业，即制造业、交通业、建筑业和信息产业。同时，欧盟给出了严格的技术筛查标准，明确只有满足相关标准才能被冠以"转型"标签。

日本、新加坡、马来西亚、加拿大、澳大利亚等正在研究制定一个覆盖范围更广的转型活动分类标准。这些国家认为，棕色产业的碳减排和技术替代也急需大量资金，应发展转型金融填补资金缺口。其中，新加坡已经发布的转型金融框架指出，只要符合排放量大幅低于行业排放标准、具有与《巴黎协定》目标一致的减排路径，即可被认定为转型活动。日本也将转型金融与绿色金融、金融创新并列为金融支持气候变化应对的三大优先领域。日本环境金融研究院于2020年发布的《转型金融指引》报告，列出了部分棕色行业经济活动分类目录和企业分类目录。马来西亚转型活动的分类,涵盖所有会对环境造成显著影响的行业,政府应积极采取措施促进低碳转型。加拿大和澳大利亚正在研究制定转型活动分类方法。其中,加拿大主要从能源、公用事业、农业、林业、水泥、钢铁、铝业、矿物开采八大行业制定有关领域转型活动的技术标准。

总体上,转型金融的路径选择应与能源体系的变革及能源绿色低碳转型的路径相匹配,规划适应性的转型金融路径及设计针对性的产品,以满足细分领域、具体企业和项目的需求。

一是统一转型金融定义、标准和分类。目前,国际国内没有统一的转型金融定义和分类。应尽快统一其定义并制定转型金融支持项目目录或指引,用于指导和规范转型金融活动。可以参考欧盟、经济合作与发展组织(Organization for Economic Cooperation and Development, OECD)、国际资本市场协会(International Capital Market Association, ICMA)等所设立的相关概念和分类标准,多部门协调制定覆盖高碳行业,特别是传统能源行业的转型金融支持项目目录或指引。目录应划分产业及细分产业、支持项目和技术标准等,并兼顾针对性、适应性和灵活性等原则。

二是搭建转型金融框架体系。我国在构建转型金融框架时可参照欧盟《分类原则》及国际上的其他经验,并充分考虑我国的实际情况、转型路径、不同行业及产品类别等方面。除产品体系外,转型金融框架体系还应包括核查、监控和报告等体系,记录并监控转型金融工具的应用情况,为后续产品的设计和完善打下坚实的数据基础。各金融机构和实体企业在此转型金融框架体系的基础上,进一步制定切实可行的实施方案。

三是构建低碳转型绩效评价体系及激励机制。可持续发展挂钩债券产品在设计时需构建可持续发展绩效目标(sustainability performance target, SPT)——需有明确的目标要求。转型金融产品较之绿色金融,效果难以简单衡量,因此需要制定更为弹性的考评体系,对企业转型的效果进行衡量与评估。同时,要做好包括环境信息披露在内的各类信息披露工作。最后,需设计合理的环境目标及相应的奖惩机制等,来对金融机构和转型企业形成激励。

四是创新转型金融产品。目前,比较常见的转型金融产品包括转型债券和可持续发展挂钩债券。转型债券是可持续发展类债券,募集资金用来支持高碳行业向低碳或零碳转型。2021年1月7日,中国银行成功完成境外50亿元人民币等值转型债券定价,是全球首笔金融机构公募转型债券交易。可持续发展挂钩债券(sustainability-linked bond,SLB)由中国银行间市场交易商协会于2021年4月28日推出,初期重点聚焦于高碳行业的减排需求。但能源转型所耗费资金巨大,需不断创新转型金融产品来满足企业的转型需要,如可持续发展挂钩贷款、转型基金、转型信托、转型保险等。

五是建设转型金融支持能源绿色低碳转型示范项目。初期可以选择绿色金融的试点地区,开展转型金融试点,建设转型金融支持能源绿色低碳转型的示范项目,如"煤电+CCUS"、煤电灵活性改造及工业园区的能效提升等。探索转型金融支持能源转型的最佳实践,引领和服务于整体能源行业的绿色低碳转型。

2. 国外税收机制的应用及经验

碳税最早从1990年开始在部分北欧国家推行,随着减排效果的体现,碳税政策渐渐被众多其他国家应用,目前碳税已成为国际公认的碳减排有效手段之一。国际上碳税的实践可分为三个阶段。①1990—2004年。1990年,以芬兰、丹麦为代表的北欧发达国家最早开始实施碳税,到20世纪末形成了单一碳税制度。②2005—2018年。随着2005年欧盟碳排放交易体系(European Union Emission Trading Scheme,EU ETS)的建立,国际上关于碳税和碳交易两种减排机制的研究成果日益丰硕,日本、澳大利亚、墨西哥等国家进行了开征碳税的尝试。③2019年至今。随着全球在共同应对气候变化上达成共识,以及《京都议定书》《巴黎协定》等国际协议的推进,新加坡、南非等国家和地区历经多年酝酿终于将碳税付诸实施,欧盟的碳税政策也随着 EU ETS 的不断发展更多地转向与碳排放权交易的协调配合。实施碳税制度的国家和地区见表9-1。

表 9-1 实施碳税制度的国家和地区

年份	国家/地区
1990—2004 年	芬兰（1990）、波兰（1990）、挪威（1991）、瑞典（1991）、丹麦（1992）、斯洛文尼亚（1996）、爱沙尼亚（2000）、拉脱维亚（2004）
2005—2018 年	新西兰（曾拟于2007年实施）、瑞士（2008）、列支敦士登（2008）、加拿大不列颠哥伦比亚省（2008）、冰岛（2010）、爱尔兰（2010）、乌克兰（2011）、日本（2012）、澳大利亚（2012—2014，已废除）、法国（2014）、墨西哥（2014）、西班牙（2014）、葡萄牙（2015）、加拿大艾伯塔省（2017）、智利（2017）、哥伦比亚（2017）、阿根廷（2018）
2019 年至今	新加坡（2019）、加拿大纽芬兰与拉布拉多省（2019）、南非（2019）、加拿大新不伦瑞克省（2020）

梳理国际有代表性的碳税实践,可以总结出一些可借鉴的经验。①税基要广,税率优化应循序渐进。在推行碳税初期采取税基广、税率低的策略,能避免加重企业和居民家庭负担,以降低碳税实施阻力。②进行全面的成本收益分析。全面合理的成本收益分析、定期的政策效果跟踪及政策修正对于减少碳税政策阻力、降低对经济的负面影响非常重要。③制定合理的配套优惠政策。剑桥大学的研究结果显示,欧盟部分国家尝试采取混合的碳税政策以限制碳税对于本国能源密集行业的影响。实际上,在减排方案中直接免除能源密集行业的碳税以维持国际竞争力是一种代价高

昂的解决方案，而采用出口补贴等方式要远远优于采用直接免税的方式。④遵循税收中性原则。碳税政策推行较为成功的国家和地区大多遵循税收中性原则，即不以增加财政收入为目的，而是将大部分碳税收入以补贴和补偿的方式返还给企业，主要用于低碳技术发展或节能环保投资，少部分用于减少碳税对社会福利的影响。

相较于实施单一碳税或碳排放权交易的国家，英国是同时实施碳税和碳排放权交易的国家。从国际实践来看，将碳税和碳交易互相配合以发挥各自优势的复合模式能更好地发挥减排作用，也逐渐成为多数国家的选择。碳交易主要针对固定大型的碳排放源，碳税的适用范围更广，对碳交易无法覆盖的、小型的、分散的碳排放源也同样适用。同时，碳税还可发挥稳定碳交易价格的作用，避免因碳交易价格过低而导致减排政策失灵。

3. 国外价格调节机制的应用及经验

国外完全市场化的电价机制不利于高耗能企业节能降碳。价格调节机制主要侧重于发挥电价机制作用，然而国外电价遵循市场化交易规律——用电量越大，单位电价反而越低，这样反而不利于通过电价实现对于高耗能企业发展的约束作用。例如，德国电价由电力生产与销售费、电网费和税费三部分构成，单位电价不仅与电价构成有关，还与用电量、电力批发市场价格、碳市场价格，以及用户所处行业、用电时段、所处地区、电力合同和选择的供应商等因素有关。其中，单位电价与用电量成反比，高耗能企业用电价格反而相对较低。工商业企业用电价格远远低于居民用电价格，这与我国电价情况相反。

美国、英国、法国、德国等国家暂未出台类似差别电价、惩罚

九、国外市场化方式推动节能降碳的经验及其启示

性电价、阶梯电价等针对高耗能行业的差别化电价政策，政府干预政策主要目的包括节约居民用电、保障电力安全及抑制电价上涨。例如，日本电力部门以社会高福利和推进节能为出发点，依据居民家庭每月用电量将电价划分为三档，第一档低廉电价保障家庭最低生活，第二档、第三档分别提高电价标准；法国出台了分时段和分季节的不同用电量的电价管理办法，目的是限制高峰负荷和节约电网备用容量，以保障电力稳定供应；德国通过立法、国有化、补贴和价格上限等全方位的政策来干预电价上涨，减少了电价上涨对消费者带来的负面影响。

国外部分政府干预电价政策是通过企业承诺等方式来间接推动高耗能企业节能降碳。以德国为例，随着近些年国际能源市场的能源价格走高，作为欧盟第一工业大国，德国计划通过财政补贴工业电价以吸引企业留在本土，为钢铁、化工、冶金、电池制造、玻璃制造、光伏、半导体制造等能源密集行业中80%的能源消耗提供优惠电价，而优惠工业电价要求企业必须在2045年之前完成净碳排放，鼓励企业进一步在节能减排领域发挥主观能动性。

十、质量治理视域下绿色金融协同模式助力公共建筑能效提升仍存在的问题

本研究通过调研了解了现有市场实践,梳理了相关研究成果,并对项目实施过程中的关键议题开展了实地调研和利益相关方访谈,发现还存在以下几个方面的问题。

(一) 目前银保合作存在障碍

一方面,项目全生命周期中,项目贷款发生于项目施工前,保险产品通常生效于项目施工与运营期,二者存在显著的时期错配,流程上无法实现以保险促进信用的目标。另一方面,根据商业银行反馈,目前银行授信机制独立性高,保险支持无法影响现有的授信机制;根据保险机构反馈,诸如贷款损失保险等与银行挂钩的产品在试点时期曾发生过大规模的赔付,导致目前该类产品被叫停。因此通过保险促进主体信用能力的思路在当前实践上存在较大困难,需要从更高层面进行规划与调整。

(二) 公共机构能效提升所需市场化节能机制有待深入完善

根据住房和城乡建设部 2017 年建筑节能与绿色建筑专项检查相关资料显示:2015 年年末公共建筑面积达到 84.82 亿 m^2,2001 年年末公共建筑面积为 25.16 亿 m^2,假设以 2001 年后建成的公共建筑为有改造价值的现有公共建筑,在可预期范围内可完成 15% 的既有公共建筑节能改造,则 (84.82 − 25.16) × 15% ≈ 8.94 (亿 m^2),在基本情境下,预计其中 30% 达到 50% 节能标准,改造成本为 600 元/m^2,40% 达到 65% 节能标准,改造成本为 1 000 元/m^2,30% 达到绿色建筑标准,改造成本为 1 300 元/m^2,则在可预期范围内的潜在总投资需求约为 8 700 亿元。

随着公共建筑能效提升各专项工作的推进,中国政府也在逐步

十、质量治理视域下绿色金融协同模式助力公共建筑能效提升仍存在的问题

培育公共建筑能效提升市场机制,并在一些地区取得显著的成效。如合同能源管理、绿色金融、PPP模式等市场机制也在部分城市的公共建筑能效提升中得到广泛应用并创新性地形成了好的模式,但是相对于中国庞大的公共建筑能效提升体量和范围,市场机制应用范围还不够广,成熟的市场还未完全建立,部分地区推进公共建筑能效提升相关工作对于财政补贴依赖性强,在中国财政补贴逐渐退出能效提升市场的背景下,如何加快构建市场机制,发挥业主和节能服务公司的主动性,将是未来中国公共建筑能效提升的关键。

(三)绿色金融支持公共建筑能效提升的方式有待协同

绿色金融在我国迅速发展,并成为推动公共建筑绿色发展新引擎的原因有如下几个方面。

①满足建筑绿色发展项目的融资需求,即拓宽融资渠道,用信贷、保险、债券、资产证券化等金融工具为建筑节能及绿色建筑提供更广泛的资金来源。例如,绿色银行能为清洁能源项目提供更好的信贷条件,能够聚合小项目以实现具有商业吸引力的规模,创造创新的金融产品,以及通过传播有关清洁能源的正面信息来扩大市场。

②发挥金融的资源配置与杠杆作用,在建筑领域抑制对非绿项目的投资,促进资金流入建筑绿色发展项目,带动技术研发、吸引高端人才等相关资源向绿色建筑及建筑节能领域流动。

③还可以推动传统建筑行业绿色升级,建设包含绿色建材、绿色技术研发企业、开发商、绿色消费者和投资者在内的完整建筑绿色发展的产业链。然而,绿色金融产品在实际应用过程中仍存在雷声大、雨点小的现状,绿色金融框架下的信贷、保险、债券等不同产品需在推动公共建筑能效提升方面加强融合与深化,实现协同增效。

(四)绿电、绿证交易方面的问题

①绿电与绿证交易间的关系尚未理顺。绿电交易和绿证交易属于两套完全独立运行的系统。绿电交易通过国家级电力交易平台进行交易,平价项目和放弃补贴项目均可进入绿电市场交易,交易时需标明能量价格和环境溢价,交易后将获得绿色电力消费证明,其属于"电证合一"的证书,因结构和核算方式等因素,尚未被国际认可。绿证交易由国家可再生能源信息管理中心牵头交易,1个绿证为1 000 kW·h绿电,绿证用于抵消火电碳排放,并非实际使用绿电,属于"电证分离"的证书,国内绿证目前尚未得到国际社会认可。根据调查问卷,相较于绿证交易,绿电交易更受企业欢迎,39.56%的被调查企业参与绿电交易,但仅有6.98%的被调查企业参与绿证交易。另外,由于政策驱动力不足,绿电交易、绿证交易积极性尚未充分调动。由于没有相应的约束与激励措施倒逼高耗能企业主动购买绿证,需求侧主体购买绿证意愿不强。

②国内绿证存在签发难、价格高、市场认可度低等问题。目前,国内绿证只覆盖集中式光伏和风电,分布式光伏和海上风电暂不在其发放范围内。在价格方面,国内绿证价格明显高于I-REC,导致企业不愿意购买国内绿证(截止2023年3月底,约三成签发绿证成交)。在市场认可度方面,通过国内绿电交易获得的绿色电力消费凭证及通过绿证交易获得的绿证因结构和核算方式等因素,尚未被国际认可。例如,在国际上认可度较高的RE100倡议联盟对于企业使用中国绿电或绿证满足100%使用绿电承诺的态度仅为"有条件认可"。国内绿证公信力低的原因是我国绿证的核发认证等制度还未完善,绿证本应具有唯一性,但是目前还有绿色电力消费凭证、绿色电力交易凭证等变种绿证的核发,这造成绿证的"一

十、质量治理视域下绿色金融协同模式助力公共建筑能效提升仍存在的问题

电多证"现象,甚至还有使用绿电交易合同来充当凭证的"代绿证"的现象存在。这不仅破坏了绿证的唯一性,也存在新能源电力的绿色环境价值重复计算的风险,使得国内绿证在国际市场上缺乏公信力。上述问题的存在,使得国内绿证形成系列问题——市场需求低、绿证成交少、发电企业不愿做国内绿证而倾向于做 I-REC 的不良循环。目前,很多世界500强的大企业和他们的供应商都会常年购买绿证,但购买的基本是 I-REC。

③绿电省际间交易壁垒较大、跨省跨区交易机制不完善。我国可再生能源资源与电力消费中心呈逆向分布,但在绿电以省内交易为主的现状下,东中部省份有意愿参与绿电交易的平价新能源装机规模较小(早期带补贴的风电光伏项目要参与绿电交易需退出国家补贴),绿电供应相对不足,供需缺口需要通过跨省跨区来调配。根据宁夏、四川等地调研交流,目前跨省绿电交易流程复杂、通道成本较高及部分省份为完成可再生能源消纳责任权重,对外出售绿电意愿不强,企业参与积极性较低。例如,全国绿电交易于2021年9月启动,但大部分省份到2022年年底甚至2023年上半年才完成首笔跨省绿电交易(西北电网2023年6月,重庆2023年1月,甘肃—浙江2022年12月)。这些原因也阻碍了电力资源在更大范围内的优化配置。

④国内绿电、绿证尚不能被国际对等认可。目前欧盟碳关税的实施细则还未出台,绿电的使用规则还未明确。现阶段,参照国外权威绿证认证标准 RE100① 对我国绿证实行有条件认可,即必须购买可再生能源发电的所有环境权益,且这些权益未被出售、转让和

---

① RE100 是一个全球性的创新倡议,由国际非营利气候组织(The Climate Group 为主要发起方)和另一个非营利性国际组织碳信息披露项目(Carbon Disclosure Project)共同发起和管理。加入的企业与非营利组织必须公开承诺"在2050年前达成100%使用可再生能源"并且每年以公开透明的原则向联盟报告能源使用状况。目前拥有380+成员覆盖全球175+市场,如苹果、谷歌、微软、耐克、香奈儿等许多行业巨头都已加入 RE100 全球倡议。

在别处声明（包括碳排放量、超额消纳量等），具有独家所有权、独家声明权。目前，我国国内机构发行的绿证尚不能被 RE100 直接接受的主要原因如下。①我国绿证与超额消纳量及中国核证减排量（China certified emission reduct，CCER）所对应的环境权益及其声明权存在重复计算的问题。考虑到当前电力市场与碳市场尚未衔接及相关数据尚未贯通耦合，存在将绿证、绿电交易的环境权益再以 CCER 等形式在碳市场售卖，同时将绿电交易实现的减排效果核算到相应用户的最终碳排放结果中的情形。②国家统计局和国家相关业务主管部门缺少足够的发电计量数据现阶段是由企业自行填表申报电量，发电企业未将计量数据直接接入相关管理部门，造成其核查效率较低。总体来说，中国的绿证由于缺乏环境权益唯一性认定，相关国际组织会怀疑其"纯度"。

⑤国内绿电、碳市场尚未有效衔接。从欧盟碳边界调整机制（carbon border adjustment mechanism，CBAM）征收的范围来看，江苏出口欧盟的产品主要集中在钢铁、铝和化肥等；从地域分布来看，苏州、常州、盐城、无锡等地都有大量涉及这几个行业的外向型企业。此外，还包括欧洲新电池法案等各种国际贸易壁垒，企业在压力下，希望通过绿电交易等方式在可接受的成本下减少碳排放的诉求较为强烈。但目前，在政府政策、碳市场层面，缺乏通用的、符合国际标准的政策支持、技术支持、审定核证和第三方验证服务等。此外，由于绿电交易与碳交易市场、国际碳减排市场尚未衔接，导致部分企业购买绿电动力不足。

⑥国家补贴新能源参与绿电、绿证交易积极性不高。据初步统计，2022 年江苏省符合国家可再生能源补贴资格的电量约 567 亿 $kW \cdot h$（含正在申请的项目），补贴金额普遍在 100 元/（$MW \cdot h$）以上，很大比例的补贴金额在 300～400 元/（$MW \cdot h$），甚至更高。《2022 年江苏电力市场年度交易结果公示》（苏电交易公示 2021 -

十、质量治理视域下绿色金融协同模式助力公共建筑能效提升仍存在的问题

65号)年度绿电交易成交均价462.88元/(MW·h),《2023年江苏电力市场年度交易结果公示》(苏电交易公示2022-101号)年度绿电交易成交均价468.58元/(MW·h),较省内燃煤基准电价高70~80元/(MW·h)。2022年中国绿证均价仅约30元/(MW·h)。因此,有补贴项目参与绿电、绿证交易的积极性不高。

⑦水电、核电、生物质等清洁属性暂未明确。水电、核电、生物质均属于清洁能源,也是我国的优势资源。目前,国家绿电、绿证交易并未开放水电、核电、生物质准入资格,从全国调研来看,亦暂未有省份探索水电、核电、生物质参与绿电交易。

(五)价格政策方面的问题

①价格政策体系庞杂,已不能适应绿色低碳高质量发展的要求。从执行效果看,目前各省的差别电价仍在执行;阶梯电价因相关水泥、钢铁企业综合能耗水平都已优于国家相关标准,所以近几年均未产生实际效果;惩罚性电价因部分能效标准已不适应新时期产业结构调整要求,所以近几年也未被有效执行。因此,价格政策对于企业促进绿色低碳转型的激励及约束作用还可以进一步挖掘。从相互关系看,差别电价与惩罚性电价在设计上存在企业重复征收电价加价的可能,此外惩罚性电价与阶梯电价有重叠。

②差别化电价协同性、适用性不足,尚未建立激励约束机制。差别化电价既有针对高耗能行业的淘汰类、限制类企业,也有涉及钢铁行业超低排放未达要求的企业,更多的是"亩均效益"综合评价为D类的企业,三者之间缺乏有效衔接与协同。如浙江省嘉兴市反映,针对高耗能行业的淘汰类、限制类企业,行业属性即确定了是否征收差别电价,部分纳入差别电价范围的企业在成本可承受范

围内也逐渐接受征收差别电价，存在节能技术改造动力不足的现象。同时，部分省市基于"亩均效益"综合评价征收差别电价，但是亩均效益评价中亩均税收、亩均工业增加值权重较高，缺少在单位工业增加值碳排放、单位产品碳排放等维度的评价。除了电解铝行业阶梯电价政策，其余差别化电价政策距离印发均超过7年，随着高耗能行业技术不断升级，能效显著提升，很多高耗能企业已转产或停产，差别化电价政策执行标准已无法满足现实需求，适用于差别电价、惩罚性电价、阶梯电价政策的高耗能用户已不多，导致这一政策的执行效果明显下降。以江苏为例，2023年执行差别化电价的企业仅7家，没有需要执行电价加价的企业。目前，差别电价主要针对电解铝、铁合金、电石、烧碱、水泥、钢铁、黄磷、锌冶炼8个行业，阶梯电价主要针对电解铝、水泥、钢铁行业，随着技术进步及产业结构调整，我国高耗能产业的技术门类产生了新变化，需对征收差别化电价的门类及时进行调整。由于多数省份执行差别化电价政策的产业类别和行业目录更新不及时，未实行动态管理，导致政策执行力度不够，实际执行差别化电价政策的范围偏小，高耗能企业之间存在不公平现象，影响了差别化电价政策执行效果。以浙江为例，阶梯电价因相关水泥、钢铁企业综合能耗水平都已优于国家相关标准，所以近几年均未产生实际效果。差别化电价政策电价加价标准适用于全国，对于部分发展较快地区约束效果较弱。以差别电价为例，根据国家发展改革委、国家电监会、国家能源局联合发布的《关于清理对高耗能企业优惠电价等问题的通知》（发改价格〔2010〕978号），限制类企业执行的电价加价标准为0.10元/(kW·h)，淘汰类企业执行的电价加价标准为0.30元/(kW·h)，部分限制类和淘汰类高耗能企业经济效益较好，差别电价加价标准在企业成本可承受范围内，对其不足以形成有效约束。差别电价、惩罚性电价、阶梯电价三种差别化电价政策基于不同背

十、质量治理视域下绿色金融协同模式助力公共建筑能效提升仍存在的问题

景出台,在功能上有部分重叠,标准设定也有一些交叉,存在企业重复征收电价加价的可能。例如,浙江省惩罚性电价2011—2015年有征收记录,而2016—2020年各地区无具体的能耗认定,因其时已结合产业结构调整执行了差别电价,没有另外执行惩罚性电价政策。

(六) 金融支持方面的问题

①金融机构与企业间信息不对称。金融机构通过对工业、企业进行尽职调查来衡量绿色信贷额度,助力产业结构升级和优化。但工业、企业生产活动的专业性高、信息量大,对于应该披露什么信息和如何披露等,难以制定统一的信用体系评价标准,这使金融机构风险识别困难,容易造成贷款规模杠杆率过高的问题,从而导致信用风险的产生。反过来说,大部分工业企业对绿色金融政策、工具、产品等的了解也十分有限。

②绿色金融产品和服务创新不足。中国绿色金融发展趋势很快,但缺少创新的绿色金融产品,且产品趋于单一化。目前,中国绿色金融产品主要是以绿色信贷、绿色债券为主,而企业对于绿色基金、绿色保险、碳金融产品等的认知程度则很低。绿色金融与我国的实际社会需求之间也存在不匹配问题。绿色金融产品难以满足部分企业长期项目、短期项目的融资需求,金融机构对绿色低碳类的项目界定也较为严苛,且审批流程复杂、时间长,发行困难,导致企业融资效率低。

③金融对浅绿和棕色产业绿色低碳转型支持不足。现阶段,我国绿色金融服务主要集中在清洁能源、绿色交通等纯绿或接近纯绿的产业,而较少涉及浅绿和棕色产业,且绿色金融标准也在不断提

高，这将逐步压缩对能耗和碳密集行业支持空间，无法满足大量传统高耗能高排放行业绿色低碳转型的迫切需求。而转型金融作为绿色金融的有益补充，其市场现在尚处于起步阶段，转型金融标准体系的建立及转型金融工具等也仍在创新和探索之中。目前，转型金融的发展还存在一系列问题，如不同区域和不同行业的低碳转型需求的识别问题。虽然较多国家和地区都在探索执行转型金融的框架、分类方案、评判原则、披露要求、行业标准等工作，但如何界定转型活动尚无明确的标准，不同行业如建筑业、工业、交通等所依赖的碳减排技术和路径并不一致，若金融机构缺乏判断分析能力，则可能导致大量的低碳转型机遇被低估。在国民经济主要行业低碳转型路径尚不清晰的情况下，如何设计出符合中国国情的转型金融的标准体系，以支持我国高碳行业的低碳转型，尚面临较大挑战。

④评估和管理环境气候风险问题。在"棕色"项目向"绿色"转型过程中，金融机构可能持有大量高碳资产。如何量化、评估及监控此类资产的气候风险，以及判断该资产后续转"绿"的潜力，是金融机构提升自身风险管理能力的重要工作，也是提高资金使用效率的重要环节。转型金融需要金融机构进一步提高对行业和企业气候环境风险管理能力、对企业碳排放的核算和管理能力，以及应对企业转型带来的政策风险、法律风险、信用风险、声誉风险等方面的管控能力。提升转型金融实践中数据信息的透明度问题。现阶段，无论是行业客户的相关数据，还是金融机构自身的碳排放管理、投融资量化评估方法与基础数据收集都存在滞后和不足。而数据管理和信息披露在转型金融中尤为重要，缺乏有效的数据是金融机构进行低碳转型融资活动的主要障碍。

（七）合同能源管理方面的问题

①节能量的核定主体和方法不明确。节能量是确定节能收益的关键指标，但在实操过程中许多合同对节能量计算方法和核定主体没有约定，节能量计算也缺乏统一的标准，导致在合同履行过程中对节能数据产生争议。

②用能企业履约意识有待提升。合同能源管理前期投入较大，而利润多产生于运行期后期。大部分案例有节能服务公司率先执行合同条款，开展融资、设备建设和方案设计等工作，然而在运行过程中存在大量用能企业不履行支付义务或不验收，给节能服务公司造成较大损失的情况。

③节能服务公司综合服务能力难以满足当前市场需求。合同能源管理服务市场日趋激烈，用能单位希望得到一揽子整体节能解决方案，要求节能服务公司具有管理、融资、法律风险防控等多方面能力。但是，我国多数节能服务公司处于成长期，掌握核心技术较少，且缺少企业资信记录，其规模仍以中小型为主，企业综合服务能力难以满足节能市场的综合性需求。

（八）用能权、碳排放权等其他方式存在的问题

我国用能权、碳排放权等其他市场化机制有待进一步完善。

①法律政策有待完善。碳排放权、用能权等资源要素市场在国家层面目前暂无法律政策支撑。例如，在碳排放权方面，我国尚未在法律层面对碳排放管理进行规制，碳排放监管主体的法律地位、主要职能、事权划分、监督问责等均未通过立法进行规范，国家和

地方所设定的碳排放配额总量和配额分配规则的法律授权也不够明确；在用能权方面，对于其法律属性，立法尚无明确规定，学界也未达成共识，限制了交易制度发展。

②市场活跃度有待提高。在碳排放权方面，全国碳排放权首个履约周期换手率只有2%，其市场流动性不足、活跃度低，而同期欧盟碳市场换手率高达758%，原因是目前纳入全国碳市场的仅为发电企业，主体单一，交易品种单一，且大型发电企业集团所获配额整体供小于求，存在"惜售现象"。在用能权方面，虽然经过多年试点，但其始终面临"推而不广"的问题，仍以一级市场政府发放为主，二级市场企业之间的交易尚不活跃，且局限于省市层面单独建立交易体系，市场内参与主体数量较少，主体间节能降碳成本差异不足，市场规模有限，从而造成供需匹配难度加大、市场交易不活跃、价格发现和资源配置功能受限。

（九）各类市场机制协同问题

目前，我国各类市场化节能降碳的机制体系设计和运行都较为独立，不同机制间缺乏协同联动，且存在重叠交叉问题。

①各类环境权益交易顶层设计协同不够。例如，绿电、绿证与用能权、碳排放权交易之间的协同，国家明确可再生能源消费不纳入能耗双控考核政策后，绿电、绿证在用能权中是否扣除、是否不计入碳排放，都无明确细则；用能权与碳排放权之间的协同，两者均与能源消费量相关，交易主体均以重点用能单位为主，在基础数据采集、确权、交易等方面存在较大重复，且企业在有偿取得用能权后，按照碳排放权交易机制，还需逐步压缩企业用能空间，这存在一定矛盾。因此，需要从顶层进一步理顺相关权益交易机制。

十、质量治理视域下绿色金融协同模式助力公共建筑能效提升仍存在的问题

②金融工具与各类市场机制的协同不够。例如,金融与碳市场的协同,全国碳市场目前还处于建设完善阶段,市场的碳资产规模还比较小,碳资产管理和融资还不成熟,碳金融工具还不够完备,需要加强碳市场和金融市场资本市场的协同,为引导更多资金投向绿色低碳发展创造条件;金融与合同能源管理的协同,现阶段,我国的能源服务公司很难通过银行等金融机构为合同能源管理项目融资,因资金不足,大量好的节能技改项目无法实施。当前,许多企业有意愿扩大可再生能源开发利用和购买绿证绿电,但价格政策与可再生能源抵扣政策衔接不够,尚未形成推动企业绿色低碳转型的激励约束机制。

十一、政策建议

总体上，应坚持市场有效、政府有为，加快构建市场化方式推动全社会绿色低碳发展的政策体系。积极发挥有效市场作用，建立和完善各类环境权益交易市场机制，将碳排放权、用能权、绿电绿证等环境权益一体纳入要素市场化配置改革总盘子，支持出让、转让、抵押、入股等市场交易行为，加强规划引导、配额分配和市场监管。有效发挥政府调节作用，完善绿色低碳发展政策，持续优化财政、税收、价格等市场调节机制，营造稳定、公平、透明、可预期的市场环境。加强服务市场的合理引导，推动建立合同能源管理、绿色技术交易等市场服务机制，完善绿色金融和转型金融制度设计，引导更多金融资源投向绿色低碳领域，调动各方资源推动全社会绿色低碳转型。市场化方式推动重点用能单位节能降碳框架如图11-1所示。

（一）形成公共建筑能效提升领域的绿色金融专项支持标准

现有绿色建筑评价标准并不适用于金融机构，且评价流程与融资流程不匹配，导致标准难以作为融资评价流程的参考因素。此外，现在绿色建筑评价标准为充分体现环境效益向经济效益转化相关指标，难以被商业金融机构认可。因此，有必要针对公共建筑能效领域建立一套专项评价标准。例如，借鉴优秀高能效设计（excellence in design for greater efficiency，EDGE）等国际绿色建筑评价标准在金融活动中的运用，在公共建筑能效评价指标中体现可量化 CO_2 的环境效益。例如，EDGE评价体系中含金融机构关注的投资和收益关键指标，同时银行采信项目前期在EDGE体系中的评价结果，并予以绿色信贷支持，实现了住建和金融领域评价体系绿色融通的目标。从数据透明度方面，提高绿色金融项目的数据透明

十一、政策建议

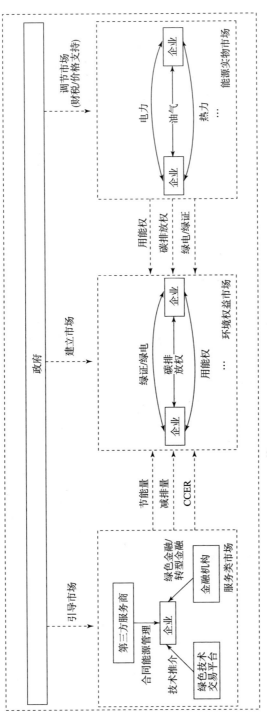

图11-1 市场化方式推动重点用能单位节能降碳框架

度和披露程度，有助于投资者和公众更好地了解项目的环境影响和可持续性表现。透明度不仅可以增加投资者的信心，也有助于避免"绿色洗白"和虚假绿色宣传。从支持范围方面，推动金融产品的创新，包括绿色债券、绿色贷款、绿色保险等，以满足不同类型企业的绿色金融需求。不同行业和规模的企业都应该有机会获得绿色金融支持，以便更广泛地推动绿色经济的发展。从政策监管方面，政府在绿色金融领域的政策和监管支持至关重要。政策层面可以提供激励措施，鼓励金融机构和企业参与绿色金融。监管层面需要建立健全制度，确保绿色金融市场健康发展，同时防范潜在风险。

> **专栏 EDGE 评价体系**
>
> EDGE 评价体系涵盖住宅、酒店、医院、写字楼、商场、学校和仓库等建筑类型，包括建筑能源、水资源和建材隐含能耗三类重要评价指标，并提供一系列技术措施，如果选用这些措施，就能降低建筑物的运营能耗、固有能耗和用水量。当建筑物在能耗、水耗和材料消耗三个方面都实现比当地基准高20%的节约率时，认为该建筑物达标。
>
> ①适用门槛相对较低。EDGE 评价体系通过输入项目基本信息等关键指标，可实时动态评价项目的能耗、水耗、材料消耗、建筑碳排放等指标水平，易于操作，便于非建筑专业人士理解使用。
>
> ②评价指标含金融机构关注的投资和收益评价指标。EDGE 评估还包含建筑的增量成本、预计运营成本、温室气体排放的减少和投资回收周期指标，与金融机构需求相契合，形成建筑领域和金融领域可共同参考的评价体系。
>
> ③已有金融机构采用 EDGE 评估体系作为建筑项目融资依

据之一,并提供一定优惠措施。EDGE 在国际的实践经验中,一些金融机构通过采信绿色项目的 EDGE 评价分数,对高于基准值的绿色建筑项目给予绿色信贷支持。实现了前期绿色设计评估与绿色信贷联动。金融机构采用 EDGE 评价体系应用实例见表 11-1。

表 11-1 金融机构采用 EDGE 评价体系应用实例

金融机构	国家	建筑类型	激励政策	货币	期限
ProCredit 银行	厄瓜多尔	住宅,商业和混合用途	银行基准利率基础上提供不超过 0.5% 折扣;认证过程免费提供技术支持;提供不超过 80% 的认证费用补贴	美元	最长为 96 个月
全球气候伙伴基金	全球	住宅与商业建筑	对符合要求的伙伴机构免去专家咨询费用和审计费用	N/A	N/A
科索沃 ProCredit 银行	科索沃	住宅,商业和混合用途	银行基准利率基础上提供不超过 0.5% 折扣;通过 ProCredit 寻求绿色融资的项目还将免费获得 EDGE 专家支持,并获得 EDGE 审计费用最高 20% 的折扣	欧元	N/A
SURA	哥伦比亚	住宅与商业建筑	SURA 建设和合规保险的保费的 10% 将退还给 EDGE 认证项目的保单持有人,有效期至 2019 年 12 月	COP	N/A

(二)完善合同能源管理和制度保障

规范能源服务市场。建立市场准入和评价体系,严格审查能源服务公司的资质准入。参照欧盟做法，建立节能服务公司的资质征信系统。对于运作中的节能服务公司和项目进行平台化管理，建立信用档案，作为国家信用体系建设的补充。

统一规范标准体系。明确当前节能量不同计算方法适用的项目类型，由权威机构发布项目节能量计算方法指南，为节能服务公司、第三方机构、项目业主提供节能量计算依据，有效减少项目运营期的纠纷。

建立争议解决机制。推动组建合同能源管理仲裁机构，研究制定合同能源管理项目纠纷裁决相关指引，为法院、仲裁机构裁决纠纷时提供参考。培养一批了解节能产业和合同能源管理机制的律师作为仲裁员。

制定完善的绩效评估和监测机制，优化合同能源管理模式。企业表示，当前在项目实施后，对于如何准确地核算出节能效果，缺乏专业的标准和仲裁机制，因此应建立科学的绩效评估和监测机制，对合同实施过程进行定期评估和跟踪，以确保达成节能效果。通过数据监测，及时发现问题并采取调整措施，以提高合同的执行效率和节能效果。政府也应加强相关法律法规支持，明确相关责任主体和法律地位，为合同能源管理提供更加稳定和可靠的法律保障。

（三）建立统一的节能认证和信息披露机制

现有的绿色建筑认证标识多用于新建建筑，较少用于存量建筑能效提升。一方面，建筑能效提升与绿色建筑标准并不完全重合，存在一定差异，不一定符合建筑绿色化要求，因此无法申请绿色建筑标识。另一方面，尽管现在已有公共建筑节能设计标准和节能量指引，但还是缺少一套完善的第三方认证机制，节能量的核定目前多由业主和节能服务方自行核定,认可度不高,并且公共建筑能效的信息披露机制现在还处于住建部门内部建设和适用阶段,尚未公开披露,导致金融机构难以获得建筑能效提升的有效支撑信息。从国外经验可见,清晰透明的环境认证及信息传导机制可有效提升政府监管效率,提高金融机构支持意愿。完善环境信息披露制度,能有效防范假借绿色项目之名套取金融机构资金、骗取财政补贴的"洗绿"事件发生。

加强绿电交易、绿证交易机制完善及其衔接。逐步将绿电交易纳入绿证交易范畴,统一规范管理。将割裂的绿证市场进行融合,其电能量部分融入电力市场,新能源电力公平参与市场优化出清,明确绿色电力在交易组织、电网调度、交易结算等环节的优先定位,加强绿电交易与绿证交易衔接。

建立完善绿色电力消费的激励约束机制。推行新能源电力消费强制配额制既是国际通行做法,也是加快推动新能源开发利用的有效手段。建议建立绿电交易、绿证交易与可再生能源消纳责任权重挂钩机制,适时推出新能源消费强制配额制,并研究将约束性要求纳入法律条文,对其进行细化和明确,推动企业增加绿电消费。推动高耗能企业实施新能源消费强制配额制,合理制定高耗能行业用户的绿色电力消费最低占比,鼓励高耗能企业通过绿电交易或购买绿证方式完成消纳责任权重。

规范完善绿证交易体系。建议规范统一绿证的管理标准,并设置独立的绿证管理机构,统一权责,避免"多龙治水"模式造成绿证交易制度的混乱,明确绿色电力消费凭证等变种绿证及绿电交易合同不得作为新能源电力消费依据,确保绿证作为新能源电力消费的唯一凭证地位。建议开展省级绿证登记、核发试点,进一步简化绿证核发程序,提高省内绿证核发量。绿证核发范围由目前的陆上集中风电、光伏,进一步向分布式光伏和海上风电,以及水电、生物质发电等拓展，逐步将所有可再生电源品种纳入绿证核发范围，提升企业生产和消费可再生能源的积极性，提高绿证交易的比例。此外，建议商务部门出面在国际层面进行商谈，在统一国内绿证体系后，国内绿证由政府为其信用进行背书，以中国绿证作为证明新能源电力消费的唯一标准，做到绿证交易在国内与国际层面的完全统一，促进中国绿证在国际上的大范围流通。

加快完善跨区域绿电交易制度。建议着力破除跨区域绿电交易相关障碍，依据各省电网规划及实际建设情况、预期消纳情况等，合理分配可再生能源消纳责任权重。推动打通跨省绿电输送通道，在现有跨省输送通道基础上，探索明确通道绿电比例、给予绿电输电成本补贴等激励、约束机制，推动跨省绿电交易。对于绿电需求旺盛而平价上网项目少的地区，建议作为试点，开展带补贴风电和光伏项目参与绿电交易的机制研究，由电网归集该类绿电交易产生收益，并以适当方式对冲可再生能源补贴，引导企业通过获取绿色环境溢价代替财政补贴。

> **专栏　华友钴业购买绿电、绿证情况**
>
> 华友衢州产业园为浙江华友钴业股份有限公司在衢州投资兴建的国内领先的锂电新能源材料智能制造产业园。截至2021年年底，华友衢州产业园内有员工5 320人，总投资超200亿元，园区营业收入超百亿。2022年产业园碳排放量为71万t。产业园主要采用的市场化方式为绿色电力和绿色证书交易。
>
> 绿电交易：2022年通过北京电力交易中心从售电公司购买绿电3 000万kW·h，占到企业用电总量的4%左右，价格较普通电价上浮3分/(kW·h)。通过绿电交易后，企业获得绿色电力消费证明。

> 绿证交易：通过第三方中介机构购买 I-REC，平均价格不到 10 元，远低于国内平价绿证（GEC）价格 50 元/张。同时，I-REC 也被国外企业所认可，而国内绿证国外企业尚不认可。

（四）建立财税、担保、专营机构等金融支持保障体系、拓宽融资渠道

当前，绿色金融对于绿色建筑领域的支持还处于完善标准、形成统一理念的认知阶段，且多针对新建绿色建筑。目前，对于存量建筑绿色低碳改造方面的认知还未形成气候，推动力不强。但是，中国现已进入城镇化阶段中后期，大拆大建的过高成本不符合建设绿色循环经济体系的要求，因此有必要将建筑业的金融支持重点从新建建筑转移到存量建筑改造当中，加大财政、金融对存量建筑改造的多元化税收和资金支持及风险保障，鼓励银行、信托、保险、担保等金融业态倾斜更多资源、创新金融产品和服务、建立战略合作关系形成协同发展作用，以培育建筑能效提升的可持续的商业模式，推动做大合同能源管理模式下的建筑能效提升市场。

完善绿色金融体系。①完善绿色金融标准体系建设。按照"国内统一、国际接轨、清晰可执行"原则，持续推进我国绿色金融标准体系建设，深度参与绿色金融国际标准制定，为绿色金融规范发展提供准确依据。②推进环境信息披露扩面提质。按照试点先行、分步推进的思路，稳步开展金融机构环境信息披露，有序拓展环境信息披露覆盖面，探索运用金融科技手段开展金融机构和金融业务碳核算工作，为绿色金融发展营造公开透明的市场环境。③完善激励约束机制。制定和实施激励约束政策，强化评价引导，调动金融

机构和社会资本广泛参与绿色低碳投资，引导更多金融资源投向绿色低碳领域。④鼓励创新绿色金融产品服务。鼓励金融机构提升绿色贷款业务规模，创新各类绿色债券产品，稳步推出绿色保险、绿色基金等多样化产品，培育和壮大绿色金融市场。

推动转型金融发展。转型金融是近年才发展出来的较新的概念，主要针对"棕色"领域转型提供资金支持，覆盖钢铁、水泥、煤炭等碳密集行业，并提出更严格的信息披露与转型要求，引导和督促棕色领域转型发展，助力碳达峰进程。我国近年来围绕转型金融展开了深度研究和布局。2020年，一些地区开始陆续推出关于转型金融的项目或试点政策。香港绿色金融协会在2020年11月发布的《气候转型融资指南》中提出，转型金融支持对象包括技术和活动，能够产生更低的碳排放结果，并提出了三项举措来确保转型的有效性，其中包括具有一个可靠的、与《巴黎协定》目标保持一致的转型计划与时间表等。湖州市通过标准、服务、平台、风险、生态、配套等多角度全面布局，推出中国首个区域性转型金融发展路线图，以服务区域内产业低碳转型。中国人民银行持续加大转型金融标准研究制定力度，组织开展建筑、建材、钢铁、煤电、农业等领域研究，目前已初步明确转型金融的基本原则。具体做法主要包含以下几个方面：①统一转型金融定义、标准和分类。应尽快统一其定义并制定转型金融支持项目目录或指引，指导和规范转型金融活动。可参考欧盟、OECD、国际资本市场协会等所设立的相关概念和分类标准，多部门协调制定覆盖高碳行业，特别是传统能源行业的转型金融支持项目目录或指引。目录应划分产业及细分产业、支持项目和技术标准等，并兼顾针对性、适应性和灵活性等原则。②搭建转型金融框架体系。参照欧盟《分类原则》及国际上的其他经验，并充分考虑我国的实际情况、转型路径、不同行业及产品类别等方面。除产品体系外，还应包括核查、监控和报告等体系，记录并监控转型金融工具的应用情况，为后续产品的设计和完善打下坚实的数据基础。③创新转型金融产品。围绕碳密集行业低碳转型的金融需求，打造以信贷、保险、债券、基金为主的多层次转型金融服务体系，实现绿色金融与转型金融的有序有效衔接。④加强转型金融风险防控。推动转型金融供需双方加强信息披露，规范转型效应测算方法、披露边界和频率，设计合理的环境目标及相应的奖惩机制，形成有效激励和约束，有效防控"假转型"等金融风险。

> **专栏　湖州发布五项转型金融系列创新成果**
>
> 湖州在国内率先发布《转型金融支持活动目录2.0》《重点行业转型目标规划指南》《融资主体转型方案编制大纲》《公正转型评估办法》等多项转型金融改革成果，通过金融手段引导本地企业转型升级，赋能经济高质量发展，对我国其他地市，特别是高碳行业比较密集的地区，有较好的示范引领作用。
>
> 针对企业转型技术路径规划难的堵点，湖州地区遵循《G20转型金融框架》对转型活动和转型投资界定标准的有关要求，以技术先进性、减排显著性为原则，发布了全国首个区域性《转型金融支持目录》，围绕全市"8+1"类重点高碳行业，规划106项转型技术和路径，为企业指明未来低碳转型技术方向。
>
> 《重点行业转型目标规划指南》则针对企业转型目标设置不清晰的难点，依据工业领域"碳达峰"行动方案，制定区域性转型目标规划指南，引导规上企业设置优于行业指引目标的短、中、长期转型目标，防止"假转型"风险。
>
> 《融资主体转型方案编制大纲》针对企业转型方案制定难的痛点，通过制定转型方案编制大纲，为企业制定科学可信的转

型方案提供标准化模板，为金融机构开发转型金融产品提供参照依据。

《融资主体公正转型评估办法》为保证转型活动社会公正性，采用定量与定性相结合的方式，设置员工稳定性、供应链韧性、ESG 表现等多项评估指标，引导融资主体评估、披露并采取措施缓解转型活动可能带来的社会影响。

《银行信贷碳排放计量方法指南》针对企业和金融机构碳核算能力不足的短板，制定银行信贷碳排放计量地方标准，规范银行业金融机构碳排放测算方式与要求，精准测算信贷碳足迹，促进绿色信贷资金精准投放。

在转型金融产品实践方面，2022 年 6 月，上交所在《上海证券交易所公司债券发行上市审核规则适用指引第 2 号——特定品种公司债券（2022 年修订）》中明确指出，低碳转型公司债券是指募集资金用于推动企业绿色低碳转型的公司债券；2022 年 6 月，中国银行间市场交易商协会发布的《关于开展转型债券相关创新试点的通知》明确了转型债券是指为支持适应环境改善和应对气候变化，募集资金专项用于低碳转型领域的债务融资工具。在政策和标准的支持与引导下，2021 年我国首批可持续发展挂钩债券发行，发行主体均为发电行业；2022 年，转型债券、低碳挂钩债券等创新产品面世，我国转型金融实践向更深层次推进。

继续完善财税政策。为有效推动双碳工作稳步进行，国家和地方都相继推出了诸多围绕碳减排的奖励和补贴政策，对促进能源转型、加快国家双碳战略的有效落地起到了积极作用。2010 年财政部与发改委共同提出"中国碳税税制实施框架设计"方案，对我国碳汇实施首次作出具体安排。2013 年 5 月国务院立法工作计划明确碳税是今后需要完成的立法工作重点。环境保护税、资源税和消费税构建的涉碳绿色税收体系不断完善,税务机关在长年实践中深入掌握了征管的技术和方法,积累了一定计量和检测经验,为我国碳税开征提供了制度基础和技术可能。我国现行税制中部分涉碳政策见表11-2。

表11-2 我国现行税制中部分涉碳政策

税种	内容
资源税	对化石燃料征收的资源税。原油、天然气和煤炭等化石能源属于资源税的征收范围,也是资源税最早实施从价计征改革的对象
消费税	成品油:汽油等油品税额为1.52元/L,柴油、航空煤油、燃料油等油品税额为1.2元/L
消费税	对小汽车征收消费税(按照气缸容量不同,征收1%~40%的税率)
消费税	木制一次性筷子、实木地板在生产、委托加工和进口环节,征收5%的消费税
车辆购置税	对汽车、排气量超过150 mL的摩托车征收税率10%的车辆购置税
车辆购置税	根据《财政部税务总局工业和信息化部关于新能源汽车免征车辆购置税有关政策的公告》(财政部公告2020年第21号),自2021年1月1日至2022年12月31日,对购置的新能源汽车免征车辆购置税。免征车辆购置税的新能源汽车指纯电动汽车、插电式混合动力(含增程式)汽车、燃料电池汽车
车船税	对机动车、船舶征收车船税,以及根据机动车的排气量设置差别税率
车船税	对符合条件的节能汽车,减半征收车船税;对符合条件的新能源车船,免征车船税
增值税	《财政部国家税务总局关于全面推开营业税改征增值税试点的通知》(财税〔2016〕36号),对节能服务公司合同能源管理服务免征增值税,其实施合同能源管理项目相关技术符合国家有关技术标准;节能服务公司与用能企业签订节能效益分享型合同,其合同格式和内容符合国家有关规定
增值税	根据《财政部国家税务总局关于风力发电增值税政策的通知》(财税〔2015〕74号),自2015年7月1日起,对纳税人销售自产的利用风力生产的电力产品,实行增值税即征即退50%的优惠政策

续表

税种	内容
企业所得税	对从事符合条件的环境保护、节能节水项目优惠：自项目取得第一笔生产经营收入所属纳税年度起，第一年至第三年免征企业所得税，第四年至第六年减半征收企业所得税
	购置用于环境保护、节能节水、安全生产等专用设备给予抵免政策优惠：专用设备的投资额10%可以从企业当年的应纳税额中抵免，当年不足抵免的，可以在以后5个纳税年度结转抵免
	符合条件的节能服务公司实施合同能源管理项目优惠：自项目取得第一笔生产经营收入所属纳税年度起，第一年至第三年免征企业所得税，第四年至第六年按照25%的法定税率减半征收企业所得税

目前，我国已逐步构建起税收激励与约束"双向用力"，资源开采、消耗、污染排放、循环利用、进出口等"多环相扣"，资源税、环境保护税、企业所得税等"多税共治"的绿色税收体系，既能有效抑制企业高污染高耗能行为，也有利于鼓励企业节能减排，推动绿色消费。双向调节助力生态环境保护，在推进我国绿色发展方面发挥了重要作用，以环境保护税为主体的约束型绿色税收政策产生了明显的节能减排效应。各省市鼓励碳减排有关补贴政策梳理见表11-3。

表11-3 各省市鼓励碳减排有关补贴政策梳理

地区	文件名称	发布时间
上海	《普陀区支持节能减排降碳实施意见》	自2022年1月1日起施行，有效期至2024年12月31日
	《宝山区节能减排专项资金使用管理办法》	自2020年5月24日起施行，有效期至2024年12月31日
	《浦东新区节能低碳专项资金管理办法（征询意见稿）》	2022年8月8日
	《黄浦区节能减排降碳专项资金管理办法》	2022年8月26日
	《徐汇区节能减排降碳专项资金管理办法》	2022年3月2日

十一、政策建议

续表

地区	文件名称	发布时间
北京	《2022年北京市高精尖产业发展资金实施指南》	2022年2月8日
	《通州区绿色化改造提升项目补助资金管理办法（试行）》	2021年11月10日
广东	《深圳市工业和信息化局关于发布2023年支持绿色发展促进工业"碳达峰"扶持计划申报指南的通知》	2022年7月7日
	《关于印发广州市黄埔区 广州开发区 广州高新区促进绿色低碳发展办法的通知》	2021年5月12日—2026年5月11日
	《惠州市人民政府关于印发惠州市进一步降低制造业企业成本支持实体经济发展的十条政策措施（修订版）的通知》	2019年2月3日
	《中山市工业绿色发展项目资助实施细则》	2021年8月3日
重庆	《重庆市绿色园区和绿色工厂认定管理办法（试行）》	2018年9月7日
四川	《成都市优化产业结构促进城市绿色低碳发展政策措施》	2022年4月22日
	《成都市支持绿色低碳重点产业高质量发展若干政策措施征求意见》	2022年2月
	《成都高新技术产业开发区关于优化产业服务促进企业发展的若干政策意见（修订）》	2020年4月20日
安徽	《安徽省人民政府关于印发支持制造强省建设若干政策的通知》	2017年5月2日
	《蚌埠市人民政府关于实施创新驱动发展战略加快"两个中心"建设的若干政策意见》	2017年11月21日
	《六安市工业发展专项资金管理办法》	2019年7月23日
	《宣城市支持实体经济持续健康发展若干政策》	2017年4月28日
天津	《天津市工业和信息化局落实天津市关于进一步支持发展智能制造的政策措施实施细则》	2020年9月16日—2023年5月10日

续表

地区	文件名称	发布时间
福建	《关于推动工业节能降碳和资源综合利用的若干措施》	2022—2024 年
云南	《昆明市人民政府关于印发 2022 年稳增长若干政策措施的通知》	2022 年 4 月 7 日
河南	《郑州市人民政府关于郑州市建设中国制造强市若干政策的补充意见》	2018 年 3 月 28 日
河南	《鹤壁市人民政府关于支持工业高质量发展的若干意见（2022—2024 年）》	2022 年 4 月 28 日
湖北	《武汉市工业投资和技术改造专项补助资金管理暂行办法》	2022 年 3 月 11 日
青海	《青海省财政厅 青海省工业和信息化厅关于印发〈青海省节能专项资金管理办法〉的通知》	2021 年 1 月 16 日
宁夏	《宁夏回族自治区机器人应用示范项目、数字化车间、智能工厂和绿色工厂认定管理办法》	2021 年 9 月 15 日

财税是国家治理的基础和重要支柱，应高度重视财税政策在促进节能减排、绿色发展中独特的引导作用，立足国情和发展阶段，加强顶层设计，科学制定绿色发展财税保障机制，完善绿色税收体系，以实现减污降碳协同增效为抓手，以改善生态环境质量为核心，推动节能降碳、绿色发展。

（五）推动险资投资公共建筑能效提升

日益增长的资金规模为保险公司资产端的投资运用提供了强大的支持。截至 2020 年年末，保险公司总资产达到 23.3 万亿元，同比增长 13.3%；原保险保费收入 4.5 万亿元，同比增长 6.1%；保险资金运用余额 21.7 万亿元，同比增长 17%。保险资金总规模较大，周期较长，且来源稳定，能够为绿色金融提供资金供给，并形成良好的期限匹配。从现状来看，建筑能效提升的绩效良好且风险较低，能够满足保险资金追求投资收益安全稳定的需求。为此，在绿色低碳转型资金需求强烈的大背景下，保险业应积极探索拟定保险资金投向建筑能效提升项目的投资评价标准，并建立国家层面的优惠政策，促进险资绿色投资，服务中国建筑碳达峰和碳中和发展目标。

（六）强化未来收益权的确权管理

在合同能源管理项目中，将未来收益权确权为合格的担保品对节能服务公司进行融资无疑有明显的支持作用，从目前主流做法来看，未来收益权质押叠加监管账户管理形成了一套中小企业依托核心企业信用进行融资的组合拳。在本项目中，由于依托的是医院项目的信用，其具有一定的公共信用加持的基础，如果能够在此基础上加强监管，例如通过出台政策，规定未按合同还款会影响征信记录或增加违约成本，这种融资方式有望在更广泛的领域得到应用。未来如果能基于确权给予业务更多监管，譬如出台如果未按照合同进行还款将影响征信或提高违约成本等，该方式还有望在更广领域予以适用。

（七）积极推动银保合作，建立基于金融机构间直接对接的产品创新机制

从当前我国融资的主要方式来看，要构建金融协同的市场化机制，银行的诉求是非常关键的一项内容，保险虽然能够起到风险管理的作用，但真正为金融协同提供助力的关键是要为银行融资提供支持，如贷款保证保险等。为此，在当前市场机制互认阶段，有必要建立基于金融机构直接对接沟通的协同机制，通过不同类型金融机构之间的深入对接实现对项目的有效增信。

（八）加强市场化机制间的衔接与协同

加强可再生能源消费与电价、金融政策衔接。加强差别化电价机制与绿电交易、绿证交易机制协同，基于高耗能企业清洁能源利用水平动态调整加价标准，将企业可再生能源利用、绿电绿证交易纳入企业能耗、碳排放指标扣减计算中，通过差别化电价机制鼓励高耗能企业多用绿电、多买绿证。加强绿电消费与绿色（转型）金融的衔接，鼓励工业园区开展整体绿电采购，提高绿电消费比例，并与绿色金融或转型金融支持（与企业贷款额度、银行授信、贷款利率优惠关联）、绿色技术推广服务等结合起来，以市场化手段促进企业绿色低碳转型。

开展环境权益交易协同机制研究。重点建立"电—证—能—碳"等多市场协同机制，在顶层设计上统筹绿电交易、绿证交易、碳排放交易、用能权交易等目标、规则和标准，包括加强数据协同的保障，统一收集确认能源生产、能源消费、碳排放、绿电消纳的底层数据，实现部门和各类权证基础数据的统一和部门共享，避免重复确权；加强机制协同保障，明确绿电消费在全国统一的碳排放权交易市场中碳排放量核算为零，处理好绿电、绿证与CCER的转化关系，绿电、绿证在能耗核算时不计入能耗总量，并且明确无须通过用能权交易市场购买相应能耗，以提升企业购买绿电、绿证的积极性。

适时探索建立统一的环境权益交易市场。在条件逐步成熟后，探索建立统一的环境权益交易市场，解决跨边界交易问题，建立健全统一的环境权益定价标准，共建共享的环境权益交易合作、互联互通机制，打造一体化环境权益交易合作市场，并在法律层面给予保障。

（九）出台节能降碳导向的价格政策

价格调节机制主要通过发挥价格机制的作用，对高耗能行业落后产能进行加价，倒逼高耗能企业提高能耗管理水平，推动高耗能企业节能降碳。目前，国内主要有差别电价、惩罚性电价、阶梯电价等差别化电价政策。其中，差别电价政策是对电解铝、铁合金、电石、烧碱、水泥、钢铁、黄磷、锌冶炼等8类高耗能行业执行每千瓦时用电加价，加价经过多轮上调；惩罚性电价政策是对能耗（电耗）超过限额标准的企业和产品执行的电价加价；在此基础上，电解铝、水泥、钢铁3个行业先后出台了阶梯电价政策，对超过主要工序单位产品能源消耗限额制定加价标准。

惩罚性电价政策、阶梯电价政策是对差别电价政策的进一步补充与细化，其与产品能耗（电耗）表现直接挂钩，以进一步健全绿色价格机制，充分发挥电价杠杆作用。在对限制类、淘汰类企业执行差别电价政策的同时，对能源消耗超过国家规定的单位产品能耗（电耗）限额标准的企业，实行惩罚性电价、阶梯电价。

除行业差别化电价政策之外，我国还有针对燃煤电厂二氧化硫、氮氧化物、粉尘减排和超低排放的电价支持的环保电价政策，有效推动发电企业污染物减排。

统筹研究出台综合性阶梯电价政策。整合差别电价、阶梯电价、惩罚性电价等差别化电价政策，从面向行业产业征收向基于能效、碳效水平征收转变，并协同产业结构调整、污染物减排、"亩均论英雄"改革等各类价格政策要求，尽快出台高耗能行业综合性阶梯电价政策。此外，随着能耗双控向碳双控转变，相应的标准要求将由能效向能效碳效兼顾的方案调整执行。我国已出台的差别电价、惩罚性电价、阶梯电价政策见表 11-4。

表 11-4 我国已出台的差别电价、惩罚性电价、阶梯电价政策

类型	政策名称	主要内容
差别电价	《国家发展改革委出台疏导电价矛盾方案》（2004年6月16日印发）	对电解铝、铁合金、电石、烧碱、水泥、钢铁等6个高耗能行业按照国家产业政策的要求，区分淘汰类、限制类、允许和鼓励类企业试行差别电价
	《国家发展改革委 国家电监会关于进一步落实差别电价及自备电厂收费政策有关问题的通知》（发改电〔2004〕159号）	对电解铝、铁合金、电石、烧碱、水泥、钢铁等6个高耗能行业区分淘汰类、限制类、允许和鼓励类企业试行差别电价。对允许和鼓励类企业，电价随各地工业电价统一调整；对限制类和淘汰类企业，电价在以上基础上再分别提高 0.02 元/(kW·h) 和 0.05 元/(kW·h)。明确向企业自备电厂征收基金及附加的适用范围
	《国务院办公厅转发发展改革委关于完善差别电价政策意见的通知》（国办发〔2006〕77号）	禁止自行出台优惠电价措施。扩大差别电价实施范围，将黄磷、锌冶炼2个行业也纳入差别电价政策实施范围。加大差别电价实施力度，今后3年内，将淘汰类企业电价提高到比目前高耗能行业平均电价高 50% 左右的水平，提价标准由现行的 0.05 元/(kW·h) 调整为 0.20 元/(kW·h)；对限制类企业的提价标准由现行的 0.02 元/(kW·h) 调整为 0.05 元/(kW·h)
	《国家发展改革委 国家电监会 国家能源局关于清理对高耗能企业优惠电价等问题的通知》（发改价格〔2010〕978号）	继续对电解铝、铁合金、电石、烧碱、水泥、钢铁、黄磷、锌冶炼8个行业实行差别电价政策，并进一步提高差别电价加价标准，自2010年6月1日起，将限制类企业执行的电价加价标准由现行 0.05 元/(kW·h) 提高到 0.10 元/(kW·h)，淘汰类企业执行的电价加价标准由现行 0.20 元/(kW·h) 提高到 0.30 元/(kW·h)。在此基础上，各地可根据需要，进一步提高对淘汰类和限制类企业的加价标准
惩罚性电价	《国家发展改革委 国家电监会 国家能源局关于清理对高耗能企业优惠电价等问题的通知》（发改价格〔2010〕978号）	对能源消耗超过国家和地方规定的单位产品能耗（电耗）限额标准的，实行惩罚性电价。超过限额标准一倍以上的，比照淘汰类电价加价标准执行；超过限额标准一倍以内的，由省级价格主管部门会同电力监管机构制定加价标准

续表

类型	政策名称	主要内容
阶梯电价	《国家发展改革委工业和信息化部关于电解铝企业用电实行阶梯电价政策的通知》（发改价格〔2013〕2530号）	电解铝企业铝液电解交流电耗不高于13 700 kW·h/t的，其铝液电解用电（含来自自备电厂电量）不加价；高于13 700 kW·h/t但不高于13 800 kW·h/t的，其铝液电解用电加价0.02元/(kW·h)；高于13 800 kW·h/t的，其铝液电解用电加价0.08元/(kW·h)
	《国家发展改革委工业和信息化部关于水泥企业用电实行阶梯电价政策有关问题的通知》（发改价格〔2016〕75号）	对《产业结构调整指导目录（2011年本）（修正）》明确淘汰的利用水泥立窑、干法中空窑、立波尔窑、湿法窑生产熟料的企业以外的通用硅酸盐水泥生产企业生产用电实行基于可比熟料（水泥）综合电耗水平标准的阶梯电价政策
	《国家发展改革委工业和信息化部关于运用价格手段促进钢铁行业供给侧结构性改革有关事项的通知》（发改价格〔2016〕2803号）	结合《粗钢生产主要工序单位产品能源消耗限额》（GB 21256—2013），对除执行差别电价以外的钢铁企业（以下简称"其他类钢铁企业"）生产用电实行基于粗钢生产主要工序单位产品能耗水平的阶梯电价政策。对钢铁企业生产用电按工序能耗分别设定三档电价，其中，第一档不加价，第二档加价0.05元/(kW·h)，第三档加价0.1元/(kW·h)
	《国家发展改革委关于完善电解铝行业阶梯电价政策的通知》（发改价格〔2021〕1239号）	按铝液综合交流电耗对电解铝行业阶梯电价进行分档，分档标准为13 650 kW·h/t。电解铝企业铝液综合交流电耗不高于分档标准的，铝液生产用电量不加价；高于分档标准的，每超过20 kW·h，铝液生产用电量加价0.01元/(kW·h)，不足20 kW·h的，按20 kW·h/t计算。自2023年起，分档标准调整为铝液综合交流电耗13 450 kW·h/t（不含脱硫电耗）；自2025年起，分档标准调整为铝液综合交流电耗13 300 kW·h/t（不含脱硫电耗）

研究制定基于碳效水平的差别电价政策。按照碳效引领、稳妥有序的原则，推进差别电价政策从亩均效益向碳效水平转变。一方

面，在"亩均"类差别电价政策中，补充单位工业增加值碳排放、单位产品碳排放（碳足迹）等相关指标并逐步提高其权重，将企业可再生能源利用、绿电绿证交易纳入企业能耗、碳排放指标扣减计算中，有效推动企业节能降碳。另一方面，通过数字赋能，加强浙江碳效码在差别电价政策实施过程中的应用，利用企业碳效码系统集成企业碳排放的"测、算、评、治"等关键环节，利用碳效码实现差别电价的快速实施，以推动工业企业绿色低碳转型。

> **专栏　地方差别化电价做法**
>
> 江苏省根据《关于创新和完善促进绿色发展价格机制的意见》（发改价格规〔2018〕943号）要求，对江苏差别化电价相关政策进行完善：一是对能源消耗超过国家及江苏地方能耗限额标准所规定的单位产品能耗（电耗）限额标准（以下简称限额标准）的用能单位，其生产经营用电实行惩罚性电价。二是对使用高耗能落后淘汰设备的企业，其相应设备用电执行差别电价。
>
> 广东省根据《广东省发展改革委　广东省经济和信息化委关于扩大差别电价实施范围的通知》（粤发改价格〔2018〕104号），将差别电价范围扩大到全省平板玻璃、造纸、酒精、印染、制革等行业的淘汰类、限制类企业执行差别化电价的企业，其用电价格在原基础上分别加价0.3元/(kW·h)和0.1元/(kW·h)；2021年及时为玻璃、水泥等行业中已拆除超能耗限额标准的老厂工艺项目、已经淘汰落后生产线、已经关停企业的情况进行及时更新，及时完善执行惩罚性电价的范围。
>
> 上海市经济信息化委、市发展改革委、市财政局联合印发了《上海市促进产业结构调整差别电价实施管理办法》（沪经信

> 规范〔2021〕1号),在国家适用对象的基础上,增加列入本市各区通过实施资源利用效率评价制度认定为D类(整治淘汰类)且列入产业结构调整计划的企业,并将淘汰类、限制类装置的加价标准提高至0.50元/(kW·h)、0.20元/(kW·h)。
>
> 浙江省将差别化电价政策与"亩均论英雄"改革结合,在严格执行国家差别化电价政策的同时,对于"亩均效益"综合评价结果为D类的企业,其电价在现行目录销售电价基础上,提高幅度不得超过0.50元/(kW·h),从而不断调整实施差别化电价的对象,持续倒逼落后产能改造升级。

差别电价、惩罚性电价、阶梯电价等差别化电价政策的实施,有效地提高了高耗能行业整体能效水平,淘汰落后产能,推动高耗能企业加速向供电成本较低的地区转移。以水泥行业为例,在阶梯电价政策实施前,有20%左右的产能生产线达不到国家规定的能耗标准;阶梯电价实施后,水泥企业技术改造积极性大为增强。据行业主管部门统计,在生产线达不到能耗标准的企业中,一半左右被淘汰,其余企业通过升级改造达到了国家规定的能耗标准。

地方被赋予了进一步提高加价标准的权利,上海、江苏、广东、内蒙古、福建、甘肃、宁夏等省(市)纷纷在国家差别化电价政策的基础上出台了地方差别电价政策,提高了差别化电价政策加价标准和执行范围,推动地方产业结构转型和能效升级。例如,江苏出台了《关于创新和完善促进绿色发展价格机制的意见》(发改价格规〔2018〕943号),以推动产业提效升级,执行差别化电价的企业从2022年的24家减少到2023年的7家,执行电价加价的企业从2022年的19家减少到2023年的0家;浙江省嘉兴市出台了《深化工业企业绩效综合评价 加快资源要素优化配置实施方案》(嘉政办发〔2021〕5号),将"亩均效益"综合评价结果为D类的企业纳入差别化电价适用范围,2022年浙江省嘉兴市征收差别电价用户数达到1 955家,共征收差别电价电费19 952万元。

(十)优化完善其他市场机制

加快推动碳市场建设。"五市两省"碳交易试点自2011年建立以来,覆盖20多个行业,近3 000家企业,累计成交金额超过100亿元。各试点省市在碳排放领域取得重大经验,实践探索出具有不同地区特色的碳交易机制,实现了碳排放总量和强度"双控"。经过试点省市碳排放交易的10年探索,全国及地方省市碳排放权交易政策减排成效显著,重点排放单位履约率高。2021年12月31日,全国碳排放权交易市场第一个履约周期结束,北京、天津、上海、广东和深圳完成履约8次,湖北、重庆完成履约7次。通过碳市场的助推,加速了煤电机组运营绩效分化,推动了社会低碳化发展。具体做法包含以下几个方面:①继续研究推进将钢铁、水泥、造纸等行业尽快纳入碳市场,扩大配额履约交易的行业主体及交易品类,提高交易市场的流动性和活跃度。②尽快推动重启CCER市场,将自愿减排项目纳入交易,明确自愿减排交易市场的主要制度,征集自愿减排项目方法学,搭建全国统一的自愿减排注册登记系统和交易系统。③探索制定统一、互认的区域碳普惠标准及规则,明确鼓励开发交易后端应用场景,以机构代表个人和小微企业进入交易市场,来倡导全社会降碳的行动。

完善财政奖补政策。一是统筹优化节能减排补助资金支持方向,鼓励地方出台支持传统行业企业节能减排改造和代表战略性新兴产业关键环节的财政政策,强化政策激励,调动节能降碳主动性；指导各地积极谋划节能减排专项债券项目，对于符合条件的绿色低碳公益性项目，可申请地方政府专项债券支持。二是健全技术改造专项。动态完善节能减排专项设置，推动经信、科技等部门加大节能降碳技术改造专项设置，遴选一批符合条件的改造项目，稳步推进重点行业加强产业结构优化升级，深化挖潜能源利用效率提升。三是落实税收优惠政策。依法落实资源综合利用、环境保护、节能减排等相关税收优惠政策，支持清洁低碳能源利用消费。充分发挥税收绿色调控职能，促进企业节能减排、转型升级。

创新综合能源服务模式。国内大型能源企业从国家电网、南方电网、华电集团、华能集团等传统能源集团，再到地方能源企业及民营企业，都在不断地探索综合能源产业发展与服务模式。国家电网提出的"泛在电力物联网"，将持续建设能源生态、智慧物联的能源"互联网+"生态圈体系，打造全新的综合能源服务产业。国家电网积极布局综合能效服务、供冷供热供电多能服务、分布式清洁能源服务和专属电动汽车服务等四大重点业务领域，组建了省级综合能源服务公司，打造国网综合能源服务亮点品牌。中国华电打造具有华电特色的"清洁友好、多能联供、智慧高效"综合能源服务业务，开展25项关键技术的研发和推广，建设20个重点示范项目。在技术方案方面，技术方案应聚焦实现提升清洁能源使用率、多能一体化、源网荷储一体化、能碳一体化、环境温度用能碳排监测控制一体化；在商业模式方面，应实现用能者和综合能源服务商双赢，通过服务运营提升价值增量；在项目拓展方面，以"企业—行业—产业"路径开展，形成示范效应，逐步解决全链条协同的用能问题。在以上工作的基础上，逐渐形成综合能源服务的运营模式与管理机制、综合能源与综合服务的运行匹配机制、能源企业主业务与其他增值业务的协调机制，构建综合能源服务的运营和管控体系，形成可持续的能源发展模式，从而实现综合能源服务产业的国家战略目标。

继续推进用能权交易制度。一方面,要发挥好用能权交易试点地区良好的示范作用。2016年7月,国家发改委印发《用能权有偿使用和交易制度试点方案》,确定了浙江、福建、河南和四川为试点地区,试点四省陆续推出多项用能权交易的支持政策,形成了涵盖用能权初始分配、市场交易各个环节相对全面的规则体系,覆盖面涉及能源发展、节能减排、绿色低碳转型、生态产品价值实现机制、污染防治攻坚、能耗和煤炭指标保障、自然资源保护和利用等多项主题。浙江省发布了《关于推进我省用能权有偿使用和交易试点工作的指导意见》《浙江省用能权有偿使用和交易试点工作实施方案》《浙江省用能权有偿使用和交易管理暂行办法》,在市级层面,嘉兴市、海宁市、临海市、桐乡市及衢州市均制定了用能权交易的地方规定性文件。福建省印发了《福建省用能权有偿使用和交易试点实施方案》(水泥和火电两个行业共88家单位)。河南省印发了《河南省用能权有偿使用和交易试点实施方案》,形成了用能权"1+4+N"制度体系。四川省发改委印发了《四川省用能权有偿使用和交易管理暂行办法》。另一方面,要进一步加大对用能权交易的支持力度。青岛市发改委等七部门联合印发《青岛市用能权交易实施细则(试行)》,规定了青岛市的用能权交易主要面向全市年综合能源消费量5 000 t标准煤及以上的重点企业,明确了全市用能权交易过程中的能耗指标确定、能耗指标收储、能耗指标使用等环节,创造性地提出了"先增量、后存量,先煤炭、后其他"的总体思路,以推动实现全市能源要素的最优配置。此外,诸如安徽省合肥市、江苏省苏南五市等地区,很早就以市级开展节能量交易试点,目前也在向用能权交易的形式、制度过渡。

十二、对推动金融工具标准化运用的启示

在公共建筑能效提升中运用金融支持，并逐步实现标准化的操作模式，需要企业、金融机构、政府部门三方共同努力。

（一）企业

从目前金融机构对公共建筑能效提升项目的风险考察及公共建筑能效提升的成熟度来看，单一的节能服务公司以其能力与信用难以获得金融的先期支持，而与具有更强能力的、需要改造的第三方相结合，更有可能快速获得金融支持。在此过程中，应收账款的确权成为关键。

（二）政府

在类似项目中，政府的支持至关重要。合同能源管理是推动公共建筑能效提升的重要手段，但目前受制于专业壁垒与技术的成熟度，市场发挥的作用极为有限，需求与供给的错配问题显著，亟待政府发挥协调引领作用。具体表现在如下几方面。一是在顶层设计，规范化通过合同能源管理模式推动公共建筑能效提升的实施流程，即以出台实施细则的方式明确合同能源管理支持公共建筑能效提升的操作流程，形成简单、易操作的规范指引；二是在数据端，公开披露本地区公共建筑能效提升指标的平均水平，为金融机构判断项目操作风险提供参照；三是在补贴端，建立银政企共担的风险资金池，针对公共建筑能效提升的风险按比例提供风险补偿；四是在主体端，推动公共建筑主体关于应收账款的确权工作，提高公共建筑业主方为建筑节能服务公司融资提供应付账款的可靠性，同时，要积极培养辖区内有竞争力的节能服务商或不以在本地区建立公司作为提供节能服务的准入门槛,防止原有企业能力的分散;五是在配套端,推动更广区域建立公共能耗的监测平台并不断提高平台的覆盖范围,将公共建筑的能耗情况逐步接入政府管理平台并对外试行依申请开发,实现公开监管以进一步提高能耗管理的准确度。

（三）金融机构

金融机构是推动公共建筑能效提升的外部力量。一是要加强对该领域专业知识的全面学习,准确、客观识别项目风险。目前,仍有很多金融机构对于公共建筑能效提升的认知处于极为原始的阶段,在提供金融支持时仍以服务中小企业的常态化金融方法予以应对,而忽视了公共建筑能效提升的不断发展及技术可靠性。二是建立针对公共建筑能效提升项目中应收账款质押的专业服务模式。目前,应收账款质押的融资模式由于风险较高,在部分金融机构中已经出现缩紧态势,但有别于商业中的其他交易,公共建筑能效提升的付款主体通常信用风险较低,因此应给予差别化的金融支持。三是加强不同金融机构的协同联动。在本项目中,绿色信贷与绿色基金的协同是一个重要需求,但从实践来看,需要不同金融机构之间总部的联动才有突破的可能,为此,建议金融机构总部之间能够围绕金融协同开展深入探讨,由银行与保险提供联动服务的方式提供更具适应性的金融产品。

参考文献

[1] 王立志，康键．高质量发展背景下质量治理法治体系建构研究[J]．前沿，2019，5（6）：53-57+68．

[2] 宋明顺，朱婷婷，周涵婷．质量治理：治理结构及其成员的影响力研究：基于中国的实证[J]．宏观质量研究，2019，7（1）：96-109．

[3] 王立志．基于高质量发展的质量治理博弈研究[J]．当代经济管理，2019，41（9）：24-28．

[4] 韩先锋，惠宁，宋文飞．信息化能提高中国工业部门技术创新效率吗[J]．中国工业经济，2014，3（12）：70-82．

[5] 郭家堂，骆品亮．互联网对中国全要素生产率有促进作用吗？[J]．管理世界，2016（10）：34-49．

[6] 罗良文，李加奎．网络基础设施建设对中国经济增长质量的空间溢出效应研究[J]．青岛行政学院学报，2021，6（2）：19-28．

[7] 张林．中国技术市场促进经济高质量发展的途径[J]．企业经济，2022，41（1）：24-34．

[8] 朱于珂，高红贵，肖甜．工业企业绿色技术创新、产业结构优化与经济高质量发展[J]．统计与决策，2021，37（19）：111-115．

[9] 李坤望，邵文波，王永进．信息化密度、信息基础设施与企业

出口绩效：基于企业异质性的理论与实证分析［J］. 管理世界，2015（4）：52-65.

［10］赵小强，刘立平. 皖江城市带经济高质量发展水平测度与评价［J］. 内江师范学院学报，2023，38（6）：112-117.

［11］唐玲玲，冯华. 创新基础设施对经济高质量发展的影响：基于协同效应视角［J］. 科技进步与对策，2024，41（6）：63-74.

［12］刘建党，戴欣. 治理质量、交互效应与经济高质量发展：基于中国省域面板数据的实证分析［J］. 经济问题探索，2023，3（6）：24-38.

［13］马逸初，孙晓红，马斌. 京津冀城市群公共文化服务与经济高质量发展耦合协调分析［J］. 经济与管理，2024，38（2）：17-26.

［14］周雷，许佳，菲努拉·艾尼瓦尔. 数字经济时代金融科技服务实体经济高质量发展研究进展与展望［J］. 金融理论探索，2023，7（3）：69-80.

［15］姚维港. 区域金融与经济高质量发展协调性的量化分析［J］. 高师理科学刊，2023，43（5）：19-28.

［16］郑金辉，徐维祥，刘程军. 数字金融、企业家精神与长三角民营实体经济高质量发展［J］. 财经论丛，2023，2（5）：47-56.

［17］何剑，刘钰. 货币政策、金融稳定与经济高质量发展［J］. 现代经济探讨，2023，3（5）：47-61.

［18］王心如. 绿色金融发展对经济高质量发展的溢出效应研究［J］. 现代金融，2023，8（5）：52-59.

［19］张腾，蒋伏心. 科技金融、技术创新与经济高质量发展［J］. 统计与决策，2023，39（9）：142-146.

[20] 刘宛直. 西部地区科技金融对经济高质量发展的影响研究 [J]. 市场周刊, 2023, 36 (5): 57-60+130.

[21] 吕淑丽, 郝如钰, 杜阳冉. 河南省绿色金融与经济高质量发展的耦合协调度及其影响机制 [J]. 河南理工大学学报 (社会科学版), 2023, 24 (4): 42-52.

[22] 张学清, 王亦飞, 乔小燕. 绿色金融与经济高质量发展耦合协调评价研究 [J]. 华北金融, 2023, 5 (4): 31-40.

[23] 韩雪飞, 赵黎明. 金融发展、科技创新与经济高质量发展 [J]. 统计与决策, 2023, 39 (8): 137-141.

[24] 张瑞颖, 杨志芳, 马杰, 等. 基于BTB-VSC的柔性互联型低压配电网及其末端电压质量治理方案 [J]. 电气技术与经济, 2024 (1): 327-329.

[25] 周守亮, 虞斯淳. 高质量发展背景下数字经济治理的机制和模式 [J]. 商业观察, 2024, 10 (2): 21-27+48.

[26] 张更华. 完善资产评估行业治理体系推进行业高质量发展 [N]. 中国会计报, 2023-12-29 (7).

[27] 刘琼莲. 社会治理共同体高质量发展的三重逻辑、推进重点与创新路径 [J]. 天津社会科学, 2023, 6 (6): 72-81.

[28] 丁浩, 从昌林, 王雪飞, 等. 基于智能化储能的微电网电能质量治理综述 [J]. 电子技术, 2023, 52 (11): 260-261.

[29] 戴亦一. 健全资本市场治理机制, 助力经济高质量发展: 专栏导语 [J]. 中山大学学报 (社会科学版), 2023, 63 (6): 164-165.

[30] 陈雅静. 治理创新推动城市高质量发展 [N]. 中国社会科学报, 2023-11-08 (2).

[31] 裴颖. 以治理成效为高质量发展护航 [N]. 日照日报, 2023-09-21 (A01).

[32] 郭威．以科学高效的宏观经济治理推动高质量发展［J］．理论导报，2023（8）：35－36．

[33] 臧陆宁，王连修，孙忠锋，等．美国质量治理体系研究［C］∥内蒙古自治区质量和标准化研究院．"蒙"字标团体标准研讨培训会论文集．北京：中国标准化杂志社，2023：104－107＋113．

[34] 张晨，张新颜．数字治理、治理质量与经济增长［J］．统计研究，2023，40（7）：123－133．

[35] 徐胜，董浩楠．绿色金融、产业结构升级与海洋经济高质量发展：基于环境规制调节的中介模型［J］．生态经济，2024，40（3）：46－53．

[36] 王艳，张雪芳，雷淑珍．黄河流域数字经济、产业发展与生态环境耦合协调度的实证检验［J］．统计与决策，2024（4）：108－113．

[37] 胡志远，刘琛君．数字金融与经济高质量发展的关联性研究：基于绿色全要素生产率视角的分析［J］．时代经贸，2024，21（2）：20－24．

[38] 吴楠楠，刘桁亦，徐心怡．数字金融对长三角区域经济高质量发展的影响：基于空间杜宾模型的实证分析［J］．决策咨询，2024（1）：15－24．

[39] 杨丽娟，韩娟霞．数字经济对经济高质量发展的影响研究：基于乡村振兴和消费结构升级的视角［J/OL］．重庆文理学院学报（社会科学版），2024（2）：1－22．

[40] 朱兰，吴紫薇，王勇．经济高质量发展的"引擎"：高端制造业发展、人力资本配置和经济增长［J］．数量经济技术经济研究，2024，41（4）：48－67．

[41] 葛蕃，叶常春．稳步推进复工复产高效推动项目建设，为县

域经济高质量发展蓄势赋能[N].榆林日报,2024-02-26(1).

[42] 谢若琳,张芗逸.大规模设备更新和消费品以旧换新 为经济高质量发展提供动力[N].证券日报,2024-02-26(A02).

[43] 张振,李军军.数字经济赋能绿色经济高质量发展的作用机制与路径选择[J].新疆财经,2024(1):34-44.

[44] 王亚晴."双碳"目标下绿色金融对经济高质量发展的影响研究:基于我国各省面板数据的实证研究[J].中国集体经济,2024(6):33-36.

[45] 王文进,葛鹏.产业数字金融助力"双循环"新发展格局的作用机理及其发展路径[J].世界经济研究,2024,4(2):93-104+137.

[46] 潘红玉,任宇新,潘为华.数字经济对产业链高质量发展的影响及空间溢出效应[J].科学决策,2024,(2):22-38.

[47] 杨灵,冯荣凯,蔡冬冬.人口流动影响区域经济高质量发展的时空收敛机制与效应研究[J].中国软科学,2024,2(S1):172-181.

[48] 方杏村,张洁.税收竞争、产业结构优化与经济高质量发展[J].兰州财经大学学报,2024(4):1-11.

[49] 张昊.数字金融助力经济数字化转型与高质量发展研究[J].商场现代化,2024,3(4):119-121.

[50] 黄晶,徐志超.技术创新对绿色发展的空间效应与传导机制:基于长三角城市群的经验证据[J].工业技术经济,2024,43(2):98-105.

[51] 李贵民,张萌萌.绿色建筑设计在高层公共建筑中的应用探析[J].中国建筑装饰装修,2024(3):69-71.

[52] 田耕. BIM 技术在绿色公共建筑设计中的应用探讨 [J]. 中国住宅设施, 2024 (1): 23-25.

[53] 李薇. "双碳"目标下公共建筑低碳发展技术路径分析 [J]. 建筑与预算, 2024 (1): 40-42.

[54] 孙琳琳, 牛菲菲, 吴泽江, 等. "节能性"与"经济性"耦合目标下寒冷地区办公建筑节能改造研究: 以北京某办公建筑为例 [J]. 建筑节能 (中英文), 2024, 52 (1): 97-103.

[55] 叶宏, 范培林, 李杨. 公共建筑空间行为节能智慧方案研究 [J]. 建设科技, 2023 (24): 9-11.

[56] 杨佳鑫, 高彩凤, 彭莉, 等. 超低能耗公共建筑自适应照明与活动外遮阳综合影响研究: 以北京某幼儿园为例 [J]. 建筑科学, 2023, 39 (12): 128-135.

[57] 孙花艳, 祝磊. 某既有公共建筑项目的绿色节能改造效果分析 [J]. 湖北理工学院学报, 2023, 39 (5): 25-29.

[58] 助推公共建筑能耗限额管理再上新台阶 打造城市绿色发展"北京样本"[J]. 北京绿色交易所, 产权导刊, 2023 (10): 45-47.

[59] 张灿. 基于"双碳"目标的上海市长宁区既有公共建筑节能降碳实践 [J]. 绿色建筑, 2023, 15 (5): 36-39+46.

[60] 李家驹, 魏威. 青海省第五人民医院门诊医技住院综合楼建设项目 [J]. 智能建筑电气技术, 2023, 17 (5): 19-23.

[61] 张家宝. 医疗建筑中央空调和净化空调系统的特点及节能改造的研究 [J]. 工程建设与设计, 2023 (17): 10-12.

[62] 刘志红, 李爱纯, 位文倩. 公共建筑照明灯具节能经济分析 [J]. 光源与照明, 2023 (8): 24-26.

[63] 汤海洋. 低碳目标约束下公共建筑绿色施工节能减排潜力预

测模型［J］．铁道建筑技术，2023（8）：180－184．

［64］魏兴，李晓萍，杨彩霞，等．"双碳"背景下既有公共建筑综合性能提升改造地域维度路线设计［J］．四川建筑科学研究，2023，49（4）：79－87．

［65］王蕾，杜清婷，古鸿彬．建筑节能减碳技术在深圳市典型公共建筑应用中的减排效果分析［J］．绿色建造与智能建筑，2023（8）：11－15．

［66］王衍争，李向前，王昭，等．山东省绿色建筑发展现状分析及对策建议［J］．建筑节能（中英文），2021，49（12）：21－24＋101．

［67］牟晓青，韩庆潇．金融支持制造业数字化转型研究——山东省实践［J］．金融发展研究，2024（2）：90－92．

［68］潘大鹏，郝亚杰，王雪妍，等．绿色偏好视角下的绿色发展：政府监管、企业转型与金融机构投资选择［J/OL］．系统工程理论与实践，2024，22（1）：1－19．

［69］高伦，陆岷峰．金融强国背景下商业银行数字化转型风险与管理路径研究［J］．天水行政学院学报，2024，25（1）：118－124．

［70］李瑞杰，王灿．挂钩类转型金融工具支持企业低碳转型的挑战及对策研究［J］．中国环境管理，2024，16（1）：57－62．

［71］鲁政委，钱立华，方琦，等．"碳"索绿色转型新机遇：2024年绿色金融展望［J］．金融与经济，2024（2）：18－30．

［72］罗英，高广阔．转型金融对我国高碳行业低碳转型的影响研究：基于空间计量模型［J］．中国物价，2024（1）：62－66．

［73］赵禹程，李昊霖．转型金融助力中国钢铁行业可持续低碳发

展研究［J］．冶金经济与管理，2024（1）：32-36．

[74] 汤长保．我国商业银行发展转型金融：机遇、挑战与路径选择［J］．黑龙江金融，2023（12）：22-27．

[75] 刘瑶，张斌，张明．中国式转型金融：典型事实、发展动力与现存挑战［J/OL］．国际经济评论，2024，20（3）：1-26．

[76] 王胜．对转型金融发展国际经验的借鉴与思考［J］．新理财，2023，NSTL（23）：37-39．

[77] 刘瑶．可持续转型金融运行路径分析［J］．中国金融，2023，2（23）：97-98．

[78] 李志锦，马昕，申志强．医院合同能源管理节能服务考核评价体系研究［J］．节能，2023，42（11）：74-77．

[79] 金占勇，曹焕焕，任婷婷，等．基于合同能源管理的医院建筑节能改造激励机制研究［J］．中国医院建筑与装备，2023，24（9）：3-6．

[80] 戚仁广，纪博雅，殷帅，等．公共建筑能效提升合同能源管理应用研究［J］．建设科技，2023（15）：6-8+12．

[81] 薛恒荣．上海市工业节能与合同能源管理项目专项扶持政策评估［J］．上海节能，2023，4（7）：947-952．

[82] 王云霞．碳排放"双控"背景下建筑合同能源管理模式信息系统架构设计［J］．节能与环保，2023（5）：10-14．

[83] 卢纶．绿色转型背景下的能源合同管理招标风险应对策略［J］．中国招标，2023（5）：171-173．

[84] 骆强．合同能源管理：公共机构节能降碳新路径［J］．中国机关后勤，2023（3）：66-69．

[85] 曹伟，张楠，周尚涛．基于合同能源管理模式的医院建筑节能改造研究［J］．河南科技，2023，42（5）：95-100．

[86] 何好，王侃宏，罗景辉．合同能源管理在医院建筑节能改造

项目中的实践应用 [J]. 节能, 2022, 41 (7): 11-14.

[87] 肖雅琳. 公共机构合同能源管理问题与对策研究: 以四川省为例 [J]. 中国市场, 2022, 8 (15): 18-20.

[88] JOCHEM R. Quality governance [J]. Total Quality Management and Business Excellence, 2009, 20 (7): 777-785.

[89] MC LENNAN A, NGOMA W Y. Quality governance for sustainable development? [J]. Progress in Development Studies, 2004, 4 (4): 279-293.

[90] WANG L, LIU C. Evolutionary game analysis on government supervision and dairy enterprise in the process of product recall in China [J]. International Journal of Information Systems in the Service Sector, 2020, 12 (1): 44-66.

[91] RAVICHANDRAN T. Exploring the relationships between IT competence, innovation capacity and organizational agility [J]. The Journal of Strategic Information Systems, 2018, 27 (1): 22-42.

[92] FERREIRA J J M, FERNANDES C I, FERREIRA F A F. To be or not to be digital, that is the question: firm innovation and performance [J]. Journal of Business Research, 2019, 101 (C), 583-590.

[93] MOHAMAD A, ZAINUDDIN Y, ALAM N, et al. Does decentralized decision making increase company performance through its Information Technology infrastructure investment? [J]. International Journal of Accounting Information Systems, 2017, 27 (3): 1-15.

[94] KHUNTIA J, SALDANHA T J V, MITHAS S, et al. Information technology and sustainability: evidence from an emerging economy [J]. Production and Operations Management, 2018, 27 (4):

756 – 773.

[95] RAZAK S S A, ALI N. Green financing and environmental protection [J]. Management & Accounting Review, 2023, 22 (2): 63 – 82.

[96] LUPU I, CRISTE A. Challenges and opportunities for green finance [J]. Ovidius University Annals, Series Economic sciences, 2022, 22 (1): 895 – 901.

[97] BHATNAGAR M, TANEJA S, ÖZEN E. A wave of green start – ups in India—the study of green finance as a support system for sustainable entrepreneurship [J]. Green Finance, 2022, 4 (2): 253 – 273.

[98] AFZAL A, RASOULINEZHAD E, MALIK Z. Green finance and sustainable development in Europe [J]. Economic Research – Ekonomska Istrazivanja, 2022, 35 (1): 5150 – 5163.

[99] ZHANG T. Can green finance policies affect corporate financing? evidence from China's green finance innovation and reform pilot zones [J]. Journal of Cleaner Production, 2023, 419: 138 – 289.

[100] KUMAR B, KUMAR L, KUMAR A, et al. Green finance in circular economy: a literature review [J]. Environment Development and Sustainability, 2023, 18 (2): 1 – 41.

[101] YU B, LIU L, CHEN H. Can green finance improve the financial performance of green enterprises in China? [J]. International Review of Economics & Finance, 2023, 88 (3): 1287 – 1300.

[102] JOHAN S. Complementary or substitute: sharia financing, green financing, and sustainable development goals? [J]. International

Journal of Sustainable Development and Planning, 2022, 17 (2): 487-495.

[103] DIAZ-RAINEY I, CORFEE-MORLOT J, VOLZ U, et al. Green finance in Asia: challenges, policies and avenues for research [J]. Climate Policy, 2023, 23 (1), 1-10.

[104] YU C H, WU X Q, ZHANG D Y, et al. Demand for green finance: Resolving financing constraints on green innovation in China [J]. Energy Policy, 2021, 153 (6): 1-13.

[105] OANH T T K. Sustainable development: driving force from the relationship between finance inclusion, green finance and green growth [J]. Sustainable Development, 2023, 52 (2): 1-21.

[106] LI X, WANG S W, LU X, et al. Quantity or quality? The effect of green finance on enterprise green technology innovation [J]. European Journal of Innovation Management, 2023, 76 (4): 1-19.

[107] LIU C, WU S S. Green finance, sustainability disclosure and economic implications [J]. Fulbright Review of Economics and Policy, 2023, 3 (1): 1-24.

[108] XU J Q, SHE S X, GAO P P, et al. Role of green finance in resource efficiency and green economic growth [J]. Resources Policy, 2023, 81 (2): 1-15.

[109] ZHAO J, TAGHIZADEH-HESADY F, DONG K, et al. How green growth affects carbon emissions in China: the role of green finance [J]. Economic Research - Ekonomska Istraivanja, 2023, 36 (1): 2090-2111.

[110] WANG X Y, ZHAO H K, BI K X. The measurement of green finance index and the development forecast of green finance in

China [J]. Environmental and Ecological Statistics, 2021, 28 (2): 263-285.

[111] NITA A, SUNITIYOSO Y, TIARA A R, et al. Exploring decision making factors in public buildings' energy efficiency projects [J]. Energy and buildings, 2023, 298 (4): 1-31.

[112] PAPACHRISTOS G, JAIN N, BURMAN E, et al. Low carbon building performance in the construction industry: a multi-method approach of project management operations and building energy use applied in a UK public office building [J]. Energy and Buildings, 2020, 38 (9), 856-876.

[113] YILMAZ M, UGUR L O. Comparison of estimated occupational health and safety costs with actual costs in maintenance and repair projects of public buildings [J]. International Journal of Occupational Safety and Ergonomics, 2021, 27 (2): 633-639.

[114] SPARREVIK M, WANGEN H, FET A M, et al. Green public procurement - a case study of an innovative building project in Norway [J]. Journal of Cleaner Production, 2018, 188 (Jul. 1): 879-887.

[115] NIZETIC S. Realisation barriers in energy efficiency projects in Croatian public buildings: a critic overview and proposals [J]. International Journal of Sustainable Energy, 2017, 36 (9): 901-913.

[116] MIHI M, VUKOVI A, VUKOVI M. Benefits management in energy efficiency projects in Serbian public buildings [J]. Management, 2012, 17 (62), 57-66.

[117] FANG B, CHONG H Y, ZHANG W, et al. Government subsidy strategy for public-private-partnership retrofit buildings in China [J]. Energy & Buildings, 2021, 252 (Dec.): 1-9.